JN050018

異国の味

稲田俊輔

集英社

異国の味

稲田俊輔

集英社

まえがき

日本人と外国料理

日本ほど世界中の料理が気軽に食べられる国はない、とよく言われます。これは半分正しく、半分間違っていると思っています。

欧米でもアジアでも、国際都市と言われるような街ならば、やっぱり様々な国の料理を食べることができます。ただしそこには、日本とは根本的に異なる状況もあります。日本以外のほとんどの国において、外国料理、特にエスニック料理と言われるようなものの店は、移民によって営まれ、そこを利用するのはあくまで同郷の人々が中心です。しかし日本では、外国料理の店は最初から日本人を顧客の中心として発展してきました。最近でこそ日本の都市部では移民も増え、諸外国の国際都市同様、同胞を主な顧客とする店も増えましたが、それは全体の中ではまだ一部に過ぎません。

つまり、世界の料理を食べようと思えば食べることができる国はいくらでもありますが、日本人ほどそれを積極的に食べたがる民族はなかなかいない、ということは言えるのではないでしょうか。

積極的に外国の料理を食べたがる日本人ですが、そこには一見それに相反するような別の傾向も存在します。それは、たとえ外国の料理であっても、日本人好みにアレンジされたものでなければそれを易々とは受け入れないという姿勢です。だから昔から、日本人ほど外国の料理を自分たち流にアレンジする能力に長けた民族はいない、ということもよく言われてきました。しかしこれもまた、半分正しく、半分間違っていると思います。

かつてフランス料理を中心とした欧米の料理を、ご飯によく合う「洋食」にアレンジしたのは、確かに日本人でした。しかし中国料理を最近の言葉で言う「日式中華」にアレンジした最大の立役者は、中国出身の陳建民氏です。インドカレーやナンを徹底的に日本人好みに改造したのは、ネパール人たちの集合知です。もはや日本という国には「外国料理を徹底的に改造せずにはいられない引力」のようなものが働いているようにすら見えます。

ところがそういう傾向は明らかなのにもかかわらず、同時に日本人は「本格的」「本場そのまま」という概念をことのほか尊びます。それは外国料理店にとっての大事なアピールポイントにもなります。外国料理と日本人の関係は、二重三重に矛盾しているのです。

日本人の中には、「外国の料理はアレンジ一切無しに本場そのままで提供してほしい」と考えている人々も、一部ですが確実に存在します。この本の中では、この価値観を「原理主義」と表現しています。原理主義者は「マニア」とも言い換えられますが、面白いことに、たとえばインド料理マニアは、タイ料理でも中国料理でも、あるいは興味を持てばイタリア料理やフランス料理に対しても、一貫して原理主義を求めます。つまり特定ジャンルのマニアというよりは、ある種の「生き様」なのです。そしてそこには前述したような矛盾は入り込みようがありません。本場そのままの外国料理が食べたい、だからひたすらそれを求める。実にシンプル、というか単純です。

先に明言しておくと、僕自身は完全なる原理主義者です。ですので、矛盾を抱えた多くの日本人の気持ちや行動原理が、実は全く理解できていなかったりもします。ある意味サイコパス的とも言えるのかもしれません。この本は、そんな立場から、この不思議な矛盾の正体を解き明かしていきたい、ということがテーマのひとつとなっています。

ただしそれはあくまでサブテーマです。日本における外国料理の現代史は、そもそもがこの複雑な矛盾の上に展開しており、そこにさらに、作り手の理想や、ビジネス的な思惑、流行や世の中の流れ、民族性の違い、原理主義者の存在、情報の拡散と誤解、そういった様々な要素が絡んできます。だからそこには様々な悲喜交々(ひきこもごも)の物語が生まれてきました。

幸福なことに、それは全て「いかに食を楽しむか」という大団円を目指しています。作り手はいかに食べる人たちを楽しませるか、食べる人たちはそれをどう受けとめていかに楽しむか。

皆さんもこれまで幾多の「異国の味」に、興味を持ち、憧れ、首尾よくそれを楽しんだり、時には苦い経験もあったり、ますますのめり込んだり、気付けば当たり前のものになっていたり、たくさんの物語を経験してきたのではないかと思います。

そんな幸福の物語を追体験し、そしてまた未知の冒険に漕ぎ出したくなる。この本が、そういう役割を果たすことを願っています。

目次

初出

集英社ノンフィクション編集部公式サイト「よみタイ」
2022年10月〜2023年10月
単行本化にあたり、加筆修正を行いました。

chapter

1

CHINESE CUISINE

中華料理

大陸中華オデッセイ2001

昔は中華料理屋さんと言えば、庶民的な町の中華屋さんか、少し高級な宴席中華のどちらかくらいしかありませんでした。この両者を分けるものが「回転テーブル」。ちなみに、この回転テーブルは、元々アメリカでフランス料理の提供に使われていたものが中華に転用され、日本でも広まったもの。まさに「宴席中華」の世界観ですね。寿司の世界とは逆ですが、「廻るか廻らないか」が、高級店かそうでないかの分かれ目です。

もちろんその中間的な店もありました。客席は朱色のテーブルとカウンター席でほぼ占められていますが、透かし彫りの衝立でなんとなく仕切られた一番奥のスペースには、回転テーブルが1卓だけあります。普段のメニューはラーメンや丼物、定食と、後はせいぜい焼き餃子くらいですが、入り口脇のショーケース最下段には「鯉の丸揚げ甘酢餡掛け時価・要予約」が威風堂々と置かれています。ただしそのサンプルは既にすっかり古びて風化しており、もはやシーラカンスの標本か何かのようです。

その回転テーブルには結局、ランチタイムにカウンター席からあぶれたひとり客のおじさんたちが、少々気まずそうに相席で案内されます。あるいは夜、家族客がそれぞれのラーメンを啜っています。せっかくの回転機能を使わないのもなんなので、焼き餃子2人前が家族の間を行ったり来たりします。お調子者の小学生男子が力任せにぐるぐる廻し、カスター台に置かれた醬油を倒してお母さんに盛大に叱られます。

その回転テーブルが本来の用途で活用されることはついぞなく、鯉の丸揚げの「時価」が、だいたい幾らくらいなのかは誰も知らぬまま、いつの間にかその店は潰れています。

そんな空き物件に、次々と入り込んでいったのが、中国人経営の安くてボリュームたっぷりの、いわゆる「大陸系中華」です。今やそれは日本における中華料理の最大派閥と言えるかもしれません。

僕が初めてその手の店に出会ったのは、おそらく2000年代前半の名古屋だったと思います。ちなみにそのスタイルの店の発祥自体が名古屋だったという話もあります。僕は幸運にも、その黎明期に立ち会ったということになります。

全国津々浦々に広がるこの「大陸系中華」、不思議なことに、チェーン店というわけでもなさそうなのにメニューがどの店もとても似通っています。その内容は、「本場」の中国人が運営しているにもかかわらず、大半はいわゆる「日本式の中華料理」です。ケチャップ味の海老チリ、キャベツが主役の回鍋肉(ホイコーロー)、天津飯、中華飯、海老マヨ、もちろんラーメンや焼き餃子も。

味付けも似通っています。だいたいにおいて目いっぱい濃い味です。ボリュームが強調されるのも共通しています。大抵の店では、定食に差額200円程度で、あるいはデフォルトで、スープの代わりにラーメン類が提供されます。そのラーメンはオマケ程度と思いきや、普通に一人前の量はあります。ライスは基本おかわり自由であり、メインの味付けが濃い上になぜかキムチも付いてくるので、おかわりしようと思えばいくらでもそれが可能です。

それは大食漢を歓喜させ、少食の人を絶望の淵に突き落とします。「ボリューム」や「お値打ち感」を重視する、いかにも名古屋的なサービスとも言えるかもしれません。しかしいずれにしても誰もが「この店は良心的でおトクだ」と、とりあえずの好印象を抱きます。そりゃあ全国津々浦々に広がるわけです。

実は2000年代前半に僕が初めて出会った初期ロットの「大陸系中華」は、そういうのともまた微妙に違っていました。

安くてボリュームがあるのは同じですが、とはいえ少なくとも白目をむくほど極端なものではありませんでした。ラーメン付きセットはまだ無かったと思います。メニューに関しては後の大陸系同様、お馴染みの日式中華が中心でしたが、それ以外に二つの系統の料理が加わったものでした。「謎の台湾料理」と「見たこともない料理」です。

台湾料理に「謎の」が付くのは理由があります。それは有り体（てい）に言えば名古屋の老舗台湾料理店〔味仙（みせん）〕のメニューのパクりでした。味仙は台湾人が始めた店ですが、台湾料理を徹底的に日本人、というか名古屋人好みに改造した料理で、当時既に人気店として確固たる地位を築いていました。つまり味仙の料理は純正な台湾料理ではなく、そこから香辛料などの独特な香りは排除しつつ、はっきりと濃い味に仕立てた、言うなれば「名古屋式台湾料理」です。

その店にはそんな味仙の人気メニューのいくつかがそっくりそのまま導入されていました。味仙の看板メニューである「台湾ラーメン」はもちろん「台湾酢豚」「手羽先（の甘辛煮）」「コブクロ（のカラシあえ）」などなど。そしてそこには、単に人気店の人気メニューをパクるという以上の意味がありました。なぜならその店は看板で大きく「台湾料理」を謳（うた）っていたからです。

一説によると、当時は中国産食材のイメージがたいへん悪かったため、そのイメージを払拭するために親日国としてイメージも良かった台湾を標榜（ひょうぼう）したということのようです。標榜する以上、台湾料理をメニューに置く必要があり、そこで日本人に好まれることが既に実証済みの「名古屋式台湾料理」を可能な限りたくさん並べた、というのがおそらくその真相。もはや雑なのか緻密なのかもよくわからないロジックではありますが、その逞しいバイタリティには脱帽です。

ちなみにこの時期の初期ロット大陸系中華店では、おそらくそれが全ての店で引き継がれましたが、その後全国に広がっていくにつれ「台湾み」が薄れてもいきました。今ではほとんどの店が素直に「中華料理」を標榜しており、それに合わせて、日本人好みの味とはいえ名古屋以外ではさほど馴染みがあるわけでもない名古屋式台湾料理はメニューから消えつつあります。

そういう「台湾」を捨てた店でも、プラス200円でスープから変更できるラーメンが醤油ラーメンか台湾ラーメンの二択だったり、一品料理のメニューの中にさりげなく台湾酢豚やコブクロが潜んでいたりすることがあります。たまさかそれを目にすると、僕はなんだか街角で偶然学生時代の友人に会った時のような、懐かしさと感慨を覚えるのです。

バーミヤンと際コーポレーション

一般に「中国料理」と「中華料理」は、ほぼ同じ意味で使われていますが、僕自身はそれを、あくまで便宜的にではありますが、微妙に使い分けています。中華料理は海老チリや回鍋肉、焼き餃子や担々麺など、日本人の味覚に合わせて生まれ、発展した料理。それに対して中国料理は、中国で食べられている本場そのままの言わばエスニック料理、というのがその使い分けです。もちろんその中間的な、どちらとも言い切れないスタイルも少なからずあるわけですが、世の中のお店はだいたいこの中国料理店か中華料理店のどちらかに分類できるのではないでしょうか。

前節で回転テーブルに象徴される宴席中華について少し触れましたが、そういう高級店ではこの二つの方向性の店が両方とも偏在していました。あくまで「中華料理」路線の宴席コースでは、青椒肉絲(チンジャオロース)の肉がブランド和牛になり、海老チリの海老に車海老を使用する、などの高級化がなされます。片や「中国料理」路線なら、本国から厨士を招聘(しょうへい)して、本場のハイエンドな店と同様の凝った珍しい料理が展開されます。前者は特にその無難さが接待向きと言えるかもしれません。後者はどちらかというと「食通」向けと言えるでしょう。

それに対して「テーブルが廻らない」庶民的な店は、かつてはほぼ全てが「中華料理」でした。東京で最近「町中華」と呼ばれるような店は、その極端なもののひとつです。看板メニューがラーメンとチャーハンに加えて豚生姜焼き定食だったり、カツ丼やオムライスまで出していたり、東京外から来た僕のような人間だと、それはもはや中華料理店ですらないのでは?と感じてしまいます。少なくとも中国料理の要素はほぼ皆無です。

現代の、特に都市部では、庶民的な本場中国料理もぐっと身近なものになりました。中国人が同胞を主な顧客として営む中国料理店が増加しているからです。この流れはせいぜいここ10年くらいで、あれよあれよという間に進行した印象があります。なぜこのような(嬉しい人にとってはとても嬉しい)状況がもたらされたのか。その歴史を追ってみたいと思います。

現代に繋がる流れとは直接の関係は薄いのですが、その前史として個人的にファミレスの「バーミヤン」に触れないわけにはいきません。バーミヤンの創業は1986年です。僕が利用するようになったのは1990年代後半になってからですが、少なくともその頃のバーミヤンは中華料理店ではなく中国料理店でした。つまり当時は高級な宴席料理の食通向けコンテンツであった中国料理を、庶民的な中華料理より更に安価に提供する革命的な店だったのです。

もう少し正確にいうと、バーミヤンは中国料理だけではなく、中華料理も一通り提供していました。しかしメニューにおけるリコメンドや季節ごとの特別メニューで、明らかに推されているのは中国料理の方でした。ジャンルこそ違えど、一時期の「サイゼリヤ」とよく似たコンセプトと言えます。

残念なことに当時このコンセプトは、あまり理解されずじまいだったようです。実際当時のバーミヤンで店内を見渡すと、ほぼ全てのお客さんが「中華料理」の方だけを食べていました。家族が各自ラーメンや炒飯を食べつつ真ん中に置かれた焼き餃子をシェアするその光景は、結局、章の最初で触れた町の中華屋さんと同じだったというわけです。小学生男子が回転テーブルを廻しすぎて醤油を倒す光景があるかないかだけの違いです。

つまり、当時バーミヤンを訪れていた人々はそこを「ものすごく安い中国料理店」ではなく、「ちょっと安い中華料理店」として認識していたわけです。しかも、どぎつさのない味付けや日本で馴染みのない香辛料も使うべきところでは使う方針も、いかにも中国料理店らしく、それこそ町中華などとは対極に位置するもの。それが口に合わない人も多かったのか、「安いがマズい店」という口さがない評価が下されることもしばしばだったと思います。

もし当時が今のようなネット社会で、どこかのお調子者が「バーミヤン☆100%攻略法」なんていうふざけたブログ記事でもバズらせていれば、少しは状況に一石を投じることができたかもしれません。しかしもちろんそうはなりませんでした。バーミヤンは20

００年頃だったかと思いますが、メニューを全面的にリニューアル、晴れて「中華料理店」に生まれ変わりました。その時のメニュー内容は、かの〔餃子の王将〕をベンチマークしたものという印象でした。おそらく多くの人々がこの転身を歓迎したのではないかと思います。僕自身はすっかりそれで足が遠のくことになったのですが。

ある意味でこのバーミヤンの無念を晴らすことになったのが、〔紅虎餃子房〕などを展開する際コーポレーションとも言えるかもしれません。中華料理ではない中国料理を全国区で啓蒙したという意味で、その功績はたいへんなものだと思います。

際コーポレーションの設立は１９９０年ですが、最初期の店は最初鳴かず飛ばずで、月商は50万円にも満たなかったと言います。しかし、創業者である中島武氏は「絶対もうすぐ波が来る」と既に確信していたとか。氏は福生市の路地裏にあった当時の店を寺山修司さんの「天井桟敷」にもなぞらえていました。天井桟敷のエログロや拙さが認められたように、自分の店もあるタイミングで評価されるようになるだろう、と。そして本当にその「波」はやってきて、今に至るわけです。

まさに最初はサブカル的なアンダーグラウンドでの人気でしたが、１９９６年に八王子で紅虎餃子房を出店して以降は、それが全国に拡大していきます。紅虎餃子房もそうですが、〔万豚記〕（ワンツーチイ）〔胡同四合坊〕（フートンスーフォーファン）など、あえて読みづらい店名を冠し、またメニューの「エビ」も日本表記の「海老」ではなく中国式に「蝦」を使うなど、日本式の中華料理ではなくあくまで本場の中国料理を提供するのだ、というポリシーを徹底しつつの展開です。

まだ店舗数が少なかった頃は、新メニュー導入時は中島社長自らが各店に調理指導に赴いていたそうです。そこで伝授されるより本場風の料理は、お店のスタッフにもそのおいしさがすぐには理解できなかったという話も聞いたことがあります。

何気なく街を歩いていて、突然異空間のようなインパクト満点な店構えの中国料理店に出くわす。入ってみるとそこは怪しいだけの店ではなく内装やメニューなど業態が緻密にデザインされている。食べてみても本格的かつ目新しさもあっておいしい。そんな店を後で調べてみると実は際コーポレーションの店だった……。ある時期何度となくそんな経験をしたものです。

大陸系中華が辿った二つの道

2000年代初頭の名古屋における、中国人経営のいわゆる大陸系中華の走りとも言える店での話です。

店の名前は〔K館〕。あえて中華料理店ではなく台湾料理店を標榜するK館のメニューは、日本人にもお馴染みの日式中華料理に加え、名古屋では極めてポピュラーであった名古屋式台湾料理が中心でしたが、それに加え、見たことも聞いたこともない料理も並んでいました。店のコックさんたちの出身地域の料理です。

つまり、本場の中国料理ということになりますが、それらは僕がそれまで知っていた本場の料理とも少し趣を異にしていました。それまで僕が知っていた本場の中国料理は、あくまで高級店のハイエンドな宴席料理です。それこそ、フカヒレ、鮑（あわび）、海鼠（なまこ）、北京ダック、みたいな世界ですね。K館の中国料理はもちろんそういうものではありません。なにしろ基本は「安くてボリュームたっぷり」な店です。あくまで庶民的な中国料理です。僕はそれにすっかり夢中になりました。

それに近いものは前述の初期バーミヤンや紅虎餃子房でも楽しんでいましたが、K館のそれは、なんというか、もっと素朴かつワイルドでした。

そんなK館の料理の話に進む前に、当時のこの店でのちょっとした思い出話を。

この店を最初に教えてくれたのは、僕より少し年下のN君です。N君は若くして小さな独立系音楽レーベルのオーナーで、自身もミュージシャンとしてマイペースに作品を発表していました。レーベルの音楽ジャンルは、ギターポップとかネオアコとか渋谷系とかそういうやつです。ある日N君はそのレーベル周りに集うバンドマンやDJを引率してこの店を訪れました。その中に僕も交ざっていたということです。

その時N君が語った「なぜ俺がこの店を気に入ってるか」の話が、実にふるっていました。古今東西、音楽家は基本的に貧乏です。それを束ねるレーベルオーナーも、ごく一部の例外を除けば、同じかそれ以上に貧乏です。N君も当然そのひとりでした。安くてボリューム満点のK館はありがたい存在。そのことは大前提として、しかし、そこにはN君を強烈に惹きつける魅力がありました。

「俺、食べ物で何が好きって細く切ったものなんだよね。この店にはそれがいっぱいある」

確かにその店には、青椒肉絲はもちろん、搾菜（ザーサイ）と豚肉の細切り炒めや、千切り胡瓜（きゅうり）の和え物や、千切りじゃがいもを使った料理各種など、様々な「千切り料理」がありました。N君は日々それをせっせと食べていたのです。

好きな食べ物を聞かれて、焼き肉とか寿司とかラーメンを答える人は多い。甘いものとかスパイシーなもの、という切り口もあります。しかしそこで「細く切った食べ物」と言った人は、僕が知る限り後にも先にもN君だけです。僕は、さすがレーベルオーナーなんていう創造的かつ面倒臭いことこの上ない特殊なクリエーターの発想は一味も二味も違うな、とすっかり感嘆しました。

N君はいつもせっせと細切り料理ばかりを食べ、僕は見慣れない本場の料理ばかりを食べました。

特に感激したのが「酸菜粉(スアンツアイフエン)」。乳酸発酵ですっかり酸っぱくなった白菜の漬物を、豚肉、春雨と共に炒めたものです。そこに茴香(ウイキョウ)などの香辛料の香りも潜んでいます。それまでどこでも食べたことのない、似たものすらない素晴らしい料理でした。

「豆腐干絲(トウフカンス)」があるのにも感激しました。乾燥させた豆腐を細く切って茹で、塩と胡麻油が中心のシンプルな味付け、そこに香菜(シャンツアイ)も入ります。ちなみにこの料理自体はこの数年前、その後全国展開する小籠包専門店〔上海湯包(タンパオ)小館〕の一号店で出会っていました。オープン当初のその店は完全に本場中国料理の店でしたが、その後あっという間に小籠包以外のメニューは全て中華料理に置き換えられ、僕はほぞを噛んでいたのです。その後のバーミヤンとよく似た展開ですね。

ある時、普段のメニューとは別の手書きメニューで「ズラン羊肉」というものが壁に張り出されていました。何が何だかわからないまま、とりあえずラムかマトンではあるのだろう、と頼んでみました。出てきたものはマトン薄切りのしょっぱい炒め物に、ネギと共に大量のクミンシードが加えられたもの。もちろん香菜も入っており、当然のごとく絶品でした。インド料理だけではなく中国料理にもクミンを使うということを知ったのも、この時が初めてです。そしてメニュー名の「ズラン」が、すなわち語感的にもヒンディー語でクミンを意味する「ズィーラ」にあたるものと理解し、その食文化の伝播や広がり方の興味深さがそれを一層おいしくしてくれました。

ナスとじゃがいもとピーマンを素揚げしてから甘じょっぱく炒め合わせた「地三鮮（ディサンシエン）」も定番のお気に入り。まさに庶民的な日常食としての傑作料理であり、この料理をこれまで見逃してきた日本の中華料理界の目は節穴か！と憤慨しましたが、肉か魚以外はメインのおかずとして認めない現代日本人の感性にはフィットしないので仕方ありません。

思わず熱く描写してしまいましたが、こういった庶民的な本場中国料理は、どれもあまり一般的な日本人の嗜好にはフィットしないのも薄々おわかりかと思います。なのでこのK館をおそらく始祖のひとつとする初期ロットの大陸系中華店は、その後2通りのルートに分岐します。ひとつは徹底的に日本人のニーズに合わせたメニュー展開を行い、なおかつこの長く続く不況の時代において重宝されることこの上ない「大陸系デカ盛り中華」、もうひとつが、日本人ではなく、あくまで日本で働く中国人の同胞向けに営まれる、俗に言う「ガチ中華」です。

地方都市でなおかつ大規模な店では、(当時のK館同様)この両方のハイブリッドもまだ存在するようですが、都市部ではすっかり役割分担が進んでいると言えるでしょう。

この「ガチ中華」すなわち中国人が中国人のために営む庶民的な中国料理店が集中しているのは、東京の池袋や新大久保、あと、規模は小さいですが名古屋の新栄あたりでしょうか。僕も度々訪れます。店内は当然ながらほぼ中国人らしき人々で埋め尽くされていますが、その中にはしっかり日本人もいます。中国料理マニアというよりはむしろ、「外国の料理は本場そのままの味でないと意味がない!」と考える、原理主義的な人々かもしれません。それに加えて、手近な海外旅行気分で異文化を楽しむために訪れる日本人もいるようです。それを引率するひとりのマニアが、テーブルに並ぶ料理を意気揚々と皆に解説する微笑ましい光景も見かけます。

もちろん、中国人と日本人の混成チームもいます。こういう店のメニューはほぼ全品写真付きで日本語訳も記されているものの、実際どういうものが出てくるかはやっぱりわかりにくい。どういうものを何品くらいどういう組み合わせで頼むべきかも最初はさっぱりわからないでしょう。

「自分はいつも中国人の友人に連れてきてもらうからいいけど、自分たちだけではやっぱり行きづらい」

ということを言ってた人もいました。

何にせよこういう店が存在することで、本場中国の食文化は、少しずつ、しかし確実に日本人の間にも浸透していっているということになるでしょう。昔なら考えられなかったことで、ある意味すごい時代です。

中国料理の現在とこれから

中国人によって、あくまで中国人同胞をメインターゲットとして営まれる、いわゆる「ガチ中華」。かつては街外れにポツリポツリと存在して異彩を放っていたそういう店も、今では東京の新大久保や池袋など集積地とも言えるエリアでは、すっかり街の風景の一角を形作っています。

こういった店を営んでいる中国人は、歴史的経緯もあって中国東北地方出身者が多く、当然メニューや味にもその出自が反映されます。四川料理を標榜していても、実はそれをやっているのは東北人であるケースも多いようです。逆に言うと、それ以外の地方の出身者にとっては、同じ中国料理と言っても違和感があるのは当然でしょう。なので最近は少しずつそれ以外の店も増えています。上海料理なら僕たちにもまだなんとなくわかりますが、山東料理とか湖南料理とか言われると、もはや何がなんだか……。でもとりあえず言えるのは、今や日本では中国各地の本場の味を、いつでも気軽に食べられるようになったということです。

ある中国料理通の方がこんなことをおっしゃっていました。

「日本では確かに本場そのままの中国料理を楽しめる店が増えました。しかしそのほとんどは本場と言っても『本場によくある大しておいしくもない店』の味なんですよ」

ちょっと過激な言い回しですが、言わんとするところは僕も少しわかります。

「ガチ中華」がまだ物珍しかった時代、僕はそういう店を見つけると手当たり次第に行っていました。しかしその中にはひどい店もありました。ある店では頼んだ料理のほぼ全てに小口切りのネギが載っており、そのネギは腐敗して糸を引いていました。最初はネギだけ避(よ)けて食べ始めましたが、すぐに断念して空腹のまま店を出たことがあります。

後になって思えば、僕が最初に出会ったガチ中華と言えるK館の料理は、素朴ではあってもかなりハイクオリティだったと思います。その後手当たり次第に行った同種の店の中で、それを超える店は結局ほとんど無かったのです。

ネギが腐っていた店はさすがに例外中の例外とはいえ、ほとんどの店は結局、同じようなメニューで同じような味。僕は一時の熱狂から冷め、若干飽き始めてもいました。しかし、その中でも時折「ここは特別うまいぞ！」と興奮するような店にいくつか出会ったのも確かです。

これはちょっと考えれば当たり前の話で、日本で和食を食べるにしたって、どこにでもある普通の味もあれば、特別おいしい店もある。そしてそこには個人の好みの問題もあります。身も蓋もありませんが、周りよりちょっと値が張る店はおいしいことが多いのも確か。そして先に書いた上海料理や湖南料理、山東料理といった地域を限定した店は（あくまでその看板に偽りがなければですが）、プライドも高く料理も高品質であるように感じます。

いずれにせよ「ガチ中華」の世界もこれから多様化と選別が進むということなのでしょう。

多様化という意味では、日本人経営の店も同じです。

グルメ界隈で近年話題に上がるのが「ワンオペ中華」。これはフランス料理における「ネオビストロ」の中国料理版と言えるもの。国内の名店や現地で修業を終えたシェフが、カウンターメインの小規模な空間で個性的かつ高品質な料理を提供する店です。現地の発酵調味料や香辛料なども取り入れつつ洗練された味わいの料理を、小ポーションで提供します。もちろん食材も吟味されています。

お店の造りもまるでフレンチビストロのようにおしゃれで、メニューはおまかせコースのみ、時間指定で一斉スタートというスタイルの店もあり、予約がずいぶん先まで取れない店も少なくありません。

かつてはそれこそ回転テーブルにお馴染みの料理の豪華版を大皿で並べていたような高級宴席中華も、近年では一人前ずつフランス料理のような盛り付けでタイミングをはかって提供するスタイルが浸透しつつあります。

かと思えば、一時の日本人向け大陸系中華の猛攻の中を生き延びた「町中華」は、近年その価値が再発見され、ある種のブームにもなっています。この「町中華」は若干その言葉だけが濫用されて一人歩きしている感もありますが、その気楽で馴染みやすくノスタルジーにも訴えかける存在は、改めて今の日本人の心を捉えているのは確かでしょう。

そうは言っても、後継者不足という問題もあり、昔ながらの町中華が消えていく傾向も相変わらずではあります。そこで近年現れ始めているのが「ネオ町中華」。昔ながらの町中華のメニューを現代的なオペレーションで再構築した新業態です。パイプ椅子やレトロな看板などもあえてしっかり取り入れ、一部では「ビジネス町中華」と呼ばれていたりもします。

とある下町に突然現れたその手の店の、メニュー構成やオペレーション、店舗デザインがあまりにも完成度が高くて驚いたことがあります。つまり知らない人が見たら、昔ながらの町中華の店がたまたまそこに移転改装したのかなと勘違いしても全く不思議ではない、見事な再現度ということです。あまりにも気になったのでその店のことをネットで丹念に調べていたら、実はその店は日本有数の中華料理チェーン企業が運営する最新業態であることがわかってびっくりしました。

大陸系中華、ガチ中華、町中華、高級中華、もちろんそのどれにも当てはまらない店もあります。僕は勝手に「ちょうどいい中華」と呼んでいるのですが、高からず安からず、普段の食事にも使えるけど「ちょっといいものが食べたい」と思った時には少々奮発してご馳走も食べられる、そんな店。言うなればかつて店前のショーケースに「鯉の丸揚げ・時価」の食品サンプルを置いていたような店の生き残りと言えるかもしれません。

過酷な競争を経て現代に生き残ったそういう店は、内容的に確実な進化を遂げています。本場風の料理や現代風の洗練された料理、流行りの食材なども上手に取り入れつつ、伝統の重さを感じさせる昔ながらの中華料理をプライドを持って提供しています。「外国の料理は本場そのものの味じゃないと」と思いがちな僕ですが、そういう店の魅力はやっぱり捨てがたいものがあります。

そんなふうに、現代日本における中華料理・中国料理は、伝統と革新が様々に入り乱れ、多様化しつつ確実にレベルアップしているのをひしひしと感じます。

みんなどんだけ中華好きなんだよ！っていう話かもしれませんね。

chapter

2

GERMAN CUISINE

ドイツ料理

ソーセージ食ってる場合じゃねえ！

5年くらい前のことだったでしょうか、その日の夜に僕はお気に入りのドイツ料理店に予約を入れていました。そのことで昼間の仕事中も内心ウキウキだった僕は、打ち合わせの合間の雑談で、

「今晩ドイツ料理行くんですよ！」

と、自慢げに話しました。すると、目の前の人は少し呆気に取られたあと、こんなことを言いました。

「『今晩ドイツ料理行くんですよ』っていうセリフ、もしかしたら生まれて初めて聞いたかもしれません」

確かにそんなもんかもしれません。「イタリア料理行くんですよ！」「中華料理行くんですよ！」は、しょっちゅう誰か言ってそうですが、ドイツ料理は言われてみれば滅多に聞かない。確かにソーセージやドイツビールは身近なものかもしれないけど、「ドイツ料理」となると途端に縁遠いイメージがあります。

1960~70年代のレストランガイドを眺めていると、面白いことに気が付きます。当時の外国料理レストランは、価格の高さでも数の上でもフランス料理が圧倒的なのです。「格式の高さ」と言い換えてもいいのかもしれません。そしてそこに「格落ち」といった風情で、イタリア料理やスペイン料理、ロシア料理やドイツ料理などが続いています。

ところが皆さまご存知の通り、その後1980年代にイタリア料理は大躍進を遂げます。現在ではフランス料理と肩を並べるどころか、少なくとも数の上ではむしろそれを圧倒しています。更に1990年代以降は「バル」と言われる業態を通じて、イタリア料理に続けとばかりにスペイン料理も台頭しました。

ドイツ料理は(ロシア料理などと共に)すっかり取り残されてしまったのです。なので、現代における日本人のドイツ料理に関する知識は、半世紀前とそう変わっていないと思われます。「ソーセージ」は別格としても、それ以外となると「ジャーマンポテト」くらいしか思い浮かばないのが普通でしょう。だから「ドイツ料理を食べに行くんです!」と興奮気味に話されても、どう返していいかさっぱりわからないのは当然と言えば当然です。

僕が初めて本格的なドイツ料理に触れたのは、今から25年ほど前だったと思います。ドイツに住んでいたことのある友人に連れて行ってもらったのです。小学生時代に大学教授を務める父親の仕事の関係で数年間をドイツで過ごした彼曰く、その店は「この辺りで唯一、ちゃんとしたドイツ料理が食べられる店である」とのことでした。

そんな本格的なドイツ料理の店のメニューは、僕にはさっぱり解読不可能でした。なのでオーダーは全て友人におまかせです。まず前菜としてマッシュルームの料理とジャーマンポテト的な料理を選んでもらったのを憶えています。ちなみにドイツには「ジャーマンポテト」という料理は存在しません。そりゃそうだ。日本に「日本風いも」なんて料理が存在しようがないのと同じです。ですが当然ながらドイツには「じゃがいもをベーコンとかと炒め合わせた料理」は数限りなく存在します。その店にあったのは、そんな料理のひとつ。そしてこれが実にうまかった！　自分がそれまで知っていた「ジャーマンポテト」とは別格だったのです。そしてマッシュルームもまた最高でした。そのまんま焼いただけの、実に見栄えのしない料理でしたが、微かに香る得体の知れないスパイスの香りに興奮しました。

友人は「初心者」である僕に気を使ってか、

「いちおうソーセージも頼んどく？」

と聞いてくれましたが、僕はブンブンと首を横に振りました。そりゃあソーセージも絶対うまいだろうけど、ここではそんなもん食べてる場合じゃない、と既に確信していたのです。友人は、我が意を得たりとばかりに「アイスバイン」を追加オーダーしました。

アイスバイン？　これまた完全に謎でした。その店は全体に、20代の男二人が訪れるには少々、というかだいぶ値が張る店でしたが、アイスバインなるものはその中でもひときわ高額でした。4000円くらいだったと思います。普段は居酒屋で380円のツマミすら追加を躊躇（ちゅうちょ）していた僕にとっては、清水の舞台から飛び降りる（というか、飛び降りさせられる）くらいの勢いでした。

しかし、しばらく経って登場したアイスバインは、その価格に見合うどころではない、素晴らしいものでした。豚の骨付きの脛（すね）肉を丸々一本塩漬けしたものを、トロトロになるまで煮込んだ料理。ザワークラウトも一緒に煮込まれており、その独特な風味と酸味が、「博多ラーメンと高菜」のように（注：すみません、当時の自分の貧乏な感想をそのまま記しています）見事にマッチしていました。

とにもかくにも僕はその日以来、二つの学びを心に刻み込むことになります。

「ドイツ料理というものは素晴らしいものである」

「ソーセージ食ってる場合じゃねえ」

冒頭で触れたドイツ料理店は、そんな僕が最終的に巡り会えた「最高の店」でした。何度も訪れて、時にはソーセージも食べました。ソーセージはもちろんおいしかったのですが、やっぱりなるべくそれ以外を優先しました。

例えば「シュニッツェル」はお気に入りのひとつ。要するに薄いカツレツなのですが、その店ではそれに添えられているソースが「溶かしバター」でした。アブラ物にアブラをかける、という罪の塊のような仕様ですが、そのバターにはローズマリーの香りがこれでもかと溶け込んでおり、添えられたレモンもギュンギュンに搾りながら食べると罪悪感も雲散霧消。もう一生涯、カツにトンカツソースや中濃ソースなんぞかけたくないと思わされるものでした。

クロプセというのは要するに肉だんごなのですが、その店ではクリームソースで煮込まれていました。そのソースがまた、ケッパーやハーブで重装備な上にしょっぱくて酸っぱくて。一般的なクリームソースの、まろやかで優しい印象とは対極にある攻撃的な味わいに、僕はすっかりノックアウトされました。

そういったパワフルな肉料理以上に夢中になったのが、じゃがいも料理の数々です。揚げたり、マッシュしたり、千切りを固めて焼いたり、パンケーキ状になっていたり。どれも素朴極まりないものでしたが、何と言うか「ドイツ料理の真髄ここにあり！」と思わされる不思議な説得力がありました。

何にせよ、こういった肉料理もじゃがいも料理も、悲しいかな、あっという間にお腹いっぱいになってしまいます。それをドイツビールやドイツワイン、酸っぱいザワークラウトなどで誤魔化しつつ、「今日は何を食べて何を諦めるか」を悩む至福のひとときがそこにありました。

そんな極楽浄土のような店でしたが、実はその後すぐに潰れてしまいました。すこぶるおいしいのにいつもお客さんが少ないことを薄々心配していましたが、その心配は現実のものとなってしまったのです。閉める間際に店主さんは「またそのうちどこかでリベンジしますよ！」と力強く（でも寂しそうに）仰っていましたが、今に至るまでその朗報は聞いていません。

その店だけではありません。僕がこの四半世紀に出会った数少ないドイツ料理店は、軒並み無くなってしまいました。幸い、最初に友人に連れられて行ったお店だけは今も健在です。お気に入りの店が無くなった哀しみを埋めるかのような気持ちで最近訪れました。そこはやっぱり素晴らしくて、しばらくご無沙汰していたのを少し後悔しましたが、自分たち以外のお客さんは1組だけでした。

先ほど「ドイツ料理は取り残された」と書きましたが、それどころか衰退しているのではないかという印象が正直なところです。

しかし！　そんな中ここ数年、ドイツ料理には微かな追い風も吹いています。それがクラフトビールブーム。クラフトビールを提供する店にも今や様々なスタイルがありますが、その中でも正統派のひとつと言えるドイツビール主体の店では、積極的にドイツ料理を提供しているところも散見されます。

正直そういう店のドイツ料理は、良くも悪くも洗練されており、かつて僕が心酔した素朴でパワフルなそれとは少々異なる印象があります。そして周りのお客さんの様子を見渡すと、ソーセージを別にすれば、ドイツ料理よりむしろ「アヒージョ」「パスタ」「カルパッチョ」「いぶりがっこポテサラ」あたりが支持されているようにも見えます。

とは言え、この火を絶やしてはなりません。あなたがもしそういう店を訪れてメニューブックを開いた時に、そこに例えば「ケーニヒスベルガークロプセ」みたいな、音読すると思わず下腹に力が入ってしまうような意味不明の文字列を発見したら、臆せずそれを高らかにコールしてください。そこにはたぶん、店主のひときわ熱い想いが込められているはずです。

chapter

3

FRENCH CUISINE

フランス料理

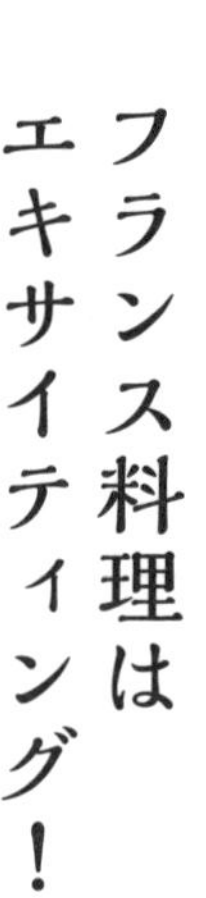

フランス料理は
エキサイティング！

僕の本格的なフランス料理との出会いは、極めて幸福なものでした。

それは、今を遡ること30年前、新卒で大阪の会社に就職したばかりの頃です。近くのオフィスビルの最上階に、そのレストランはありました。

そんな場所にあるくらいですから、その店はいわゆる高級店。ウン万円のフルコースが主体です。しかしその店が特殊だったのは、メニューの中に格安のお気軽コースがあったこと。前菜とメインをそれぞれいくつかの選択肢から選び、その2皿にグラスワインが2杯付いていました。値段ははっきりとは憶えていないのですが、少なくとも1万円でしっかりお釣りがきたことは確かです。

今になって思えば、それは「ビストロ風のコース」だったということになるでしょう。普段はそのビルに入っているような大企業の接待や会合、宴会で売り上げを立てつつ、お店としては、もっと気軽に、日常的にフランス料理を楽しんでほしいという想いがあったんだと思います。

その時点でその店は「めっちゃいい店確定」なんですが、サービスがこれまた素晴らしかったのです。いや、「素晴らしかった」などと上から目線で語っている場合ではありません。僕は今でも本当に心から「感謝」しています。着慣れぬスーツでしゃちほこばった若造に、あそこまで親切で丁寧でプロフェッショナルな接客をしてくれるなんて、そうそうなかったことだと思います。なにしろこちらは慣れない、そして不相応な場所で、緊張しています。その緊張を巧みに解きほぐしてくれるプロの技。と言って別に無駄口を叩くわけでもありません。料理やワインについての流麗な説明の中で、それはあくまでさりげなく行われました。

ある時、前菜の中にリー・ド・ヴォーの料理を見つけて、迷わず注文したことがありました。食べ物に関する本なんかで、活字でだけは何度も見かけていた「仔牛の胸腺肉」です。真っ先に、それを選んだことを褒めてもらいました。もちろん僕は有頂天です。

「リー・ド・ヴォーはよく召し上がられるんですか?」

とも聞かれました。よく召し上がってなんかいないのは百も承知だったと思います。それでも「召し上がったことあります?」ではないのです。そしてそこから料理についての詳しい説明が始まります。リー・ド・ヴォーの何たるかはギリギリ知っている程度の料理オタクだった僕は、そこに対して拙い質問もします。そんな生半可な質問にも即座に丁寧に答えてくれました。

グラスワインはいつも、「入れすぎちゃいました」と笑いながら、たっぷりすぎるほど注いでくれました。メインを食べ終えた後には、「よろしければ」とワゴンに載った様々なチーズを振る舞ってくれました。いやこれ、本当に「振る舞い」だったんです。料金に追加されることはありませんでした。なのに、ずらりと並ぶチーズをひとつずつ説明してくれながら、こちらがちょっとでも興味を示したものは、片っ端から気前よく切り出してくれました。その時は訳もわからぬまま喜んでましたが、あれはどう考えても普段は高額コース用のサービス、もしくは追加料金が必要だったはずです。フランスのチーズはそもそも高いですし、それをレストランで楽しむとなると、保管の手間やロスを考えても結構な金額になるのが普通です。

明らかに不慣れな若造なのに、と言うよりは、不慣れな若造だったからこそ親切にしてくれたんだ、ということが今となってはわかります。

当時、多くの日本人にとって、最初に触れる「フランス料理」と名の付いたものは「結婚式場のフランス料理」だったと思います。魚や帆立のすり身で作られる3色のテリーヌ、コンソメスープ、伊勢海老にクリームソースを載せて焼いたもの、そして牛フィレステーキと温野菜、といった感じでしょうか。僕が子供の頃に何度か経験したのも、まさにそういうものでした。子供心に「確かにおいしい。だけど、すっごくおいしいというわけでもない」という感想を持ちました。

その感想はたぶん間違ったものではなかったと思います。そういう場では、老若男女、慣れていない人にも食べやすい無難な料理が求められています。無難の範疇（はんちゅう）で格別印象的な料理を作ることは困難を極めますし、そもそもそれは求められてはいません。主役は料理ではなく新郎新婦です。

ごく稀に親に連れて行かれる街場のフランス料理は、こういうのともまた少しだけ違っていました。

ある時、前菜のスモークサーモンから続けて出てきたシーフードグラタンのことを鮮明に憶えています。グラタン皿の周りには、ぐるりと一周、マッシュポテトがデコレーションケーキの生クリームのように絞り出されていました。

これは飾りなのか食べてもいいのか、と親に尋ねました。返ってきた答えは、

「それでお腹の加減を調整するの。食べたかったら食べてもいいのよ」

というものでしたので、僕は深く納得し、それをグラタンのベシャメルソースに絡めて全部食べました。

その後のメインは「ポークステーキ・グリーンペッパーソース」でした。初めて出会う生の胡椒は、痺れるほど刺激的かついい匂いがして、僕はすっかりそれが気に入りました。

こういったお店の料理は、結婚式場のフランス料理よりはずっと印象に残るおいしさでした。ただしそれは普段から慣れ親しんでいた「洋食」と、何が違うというわけでもなかったように思います。料理が次々と出てくる豪華さを別にすれば、ひとつひとつの料理は例えば「ロイヤルホスト」なんかで食べるものとそう変わらない印象でした。もちろん当時（今もですが）ロイヤルホストは大好きだったので、その豪華版としてのそういうフランス料理は大歓迎でもありましたが。

フランス料理を嫌いになる理由、好きになる理由

しかし、30年前の大阪で初めて出会ったのは、そういうものとは全く違いました。

少し専門的な話をすると、結婚式場のフランス料理も、洋食めいたフランス料理も、そ

れらはヌーベルキュイジーヌ以前のクラシックなフランス料理をベースに、徹底的に日本人の味覚に合わせて変化したものだったと言えます。

それに対してその店で出会った「本格的な」フランス料理は、ヌーベルキュイジーヌを経てそれがもう少し原点回帰的に発展した、本国とのタイムラグもないものだったのではないかと思います。それは驚くほど刺激的で、それでいて国籍を問わない普遍的なおいしさに満ちたものでした。

当時、普段はイタリア料理やエスニック料理に夢中でした。そこには明らかに、これまで知らなかったおいしさがあったからです。しかし、フランス料理には（少々値が張るけど）それを凌駕（りょうが）するエキサイティングな興奮がある、それがその時の僕にとっては大発見だったのです。それだけでなく、プロフェッショナルな接客でその世界に導いてくれる卓越した（そして優しさの塊のような！）サービスがありました。1万円で少しお釣りがくる程度の価格は、店格や料理の内容に対しては破格とはいえ、ペーペーの若造にとってはそう気軽なものではなかったのですが、それでも機会を見つけては何度も訪れました。

しかし残念なことに、一年もたたないうちに転勤の辞令が出ました。次の勤務地は名古屋です。

しばらくの間は新しい職場に慣れるのに必死でしたが、少し余裕が出てくると、思い出すのはあの大阪のフレンチレストランです。ああいう店が、探せばこの地にもきっとあるはずだ、と考えました。それを探し当てねば、と思い立ったのです。

僕が勤めていたのは食品を扱う会社だったので、先輩たちは「名古屋のおいしい店」になかなか詳しかったのですが、残念ながらフレンチは彼らの守備範囲外でした。そうなると、もう自力で探すしかありません。

当時まだネットはそう普及しておらず、グルメ系レビューサイトのようなものもありませんでした。雑誌などのわずかな情報を頼りに、半ば当てずっぽうで探すしかありません。僕はとりあえず、そこそこいいホテルの中に入っているメインダイニングのフランス料理店に目星を付けました。

結論から言えば、その選択は大失敗でした。何がって接客がです。40代くらいの黒縁メガネをかけた男性のサービスマン氏は、大袈裟でなく、

「うっかり紛れ込んできてしまった場違いな若造を思いっきり馬鹿にしてやろう」

という悪意すらあったのではないか、としか思えない態度だったのです。

注文の時に、長い料理名を読み上げていると、途中でプッと吹き出しながらそれを遮り、

「仔羊のロティですね」と言いながら注文票にそれを書きつけました。

ホワイトアスパラガスの料理を選んだら、「生のホワイトアスパラ食べたことあります？」と、訝しげに尋ねられました。

追加でフォアグラ（もちろん最高額メニューのひとつです）を薦めてきて、断ると光の速さで回れ右をして、そのまま無言で去っていきました。

腹が立つを通り越して、なんだかそれはもはやコントのようでした。子供の頃見ていたドリフのコントで、高級レストランを舞台にしたものがありました。志村けん演じる客と、加藤茶演じるサービスマンのコントです。客は徹底的に不慣れで、サービスマンは徹底的にそれを馬鹿にするというのが大筋の内容。

現実にもこういう世界があったのか、と僕は呆気に取られていました。いや、現実にあったからこそ、それを誇張してコントが作られたのでしょうし、またこういう扱いを受けてフランス料理が嫌になった人も実際数限りなくいたことでしょう。なんと僕も急遽そのひとりになってしまったわけです。

ちなみにその時の料理は、まあこれは僕がホテルレストランを選んでしまったのが間違いと言えばそうなんですが、結局「結婚式場のフランス料理」と大差ないものでした。僕はその一度の経験で、

「大阪のあの店はたまたまの奇跡だったに違いない」
と結論づけてしまい、それからしばらくすっかりフランス料理からは遠ざかってしまうことになります。

仕事がらみで先輩たちと行く居酒屋はさすがに気の利いたおいしい店ばかりでしたし、自分でもイタリアンやエスニックを中心にお気に入りの店も見つけました。世の中に安くておいしい店はいくらでもあり、わざわざ高いお金を出して不快な思いをするリスクを背負う必要など、これっぽっちもありませんでした。

だからというわけでは全くないのですが、このフランス料理に関する話の中で、この後「ウン万円するような高級店」の話は出てきません。それはあまりに特殊な世界だからです。言うなれば一握りの作り手と、全体から見ればごく少数のお客さんたちの世界。

この世界は様々に発展し、細分化もしています。正直なところそれを過不足なく書き留めるには僕の力量が追いつきませんし、たとえそれが可能だったとしても、それはそれで完全に独立した話として真摯に書かれるべきだと思っています。

ただひとつ確実に言えることは、今はもう、かつての結婚式場の料理に毛が生えたようなものを出しながらお客さんを小馬鹿にするような店は存在しないはずです。ハイクラスな店におけるスタイルの移り変わりの速さもまた、フランス料理の特徴かもしれません。

さて、僕が再び日常にフランス料理を取り戻すのは、その5年後くらいだったでしょうか、２０００年前後あたりの話です。

その時代、カフェやビストロといったお店が少しずつできはじめました。カフェというと、今となってはちょっとおしゃれな喫茶店の言い換え、というイメージがすっかり定着してしまいましたが、当時その概念の中心にあったのは、「パリの街角にあるような、朝から夜までコーヒーもお酒も食事も楽しめるオープンエアの店」でした。なので食事メニューも基本的にフランス料理ということになります。ただしそれは、あくまで庶民的なフランス料理。大きいお皿を使って複雑かつ華麗に盛り付けられるものではなく、もっとずっとシンプルなもの。豚肉のいろんな部位を焼き固めたパテやテリーヌ、牛ハラミを焼いてフライドポテトを添えたステーク・フリット、熱々のオニオングラタンスープ、そういうものです。

ビストロはもう少しレストラン寄りで、あくまで食事が主体ですが、主要なメニューはだいたい共通していました。

当時、僕の生活圏にも、そういうカフェやビストロ的な店がいくつかできました。

夕暮れ時に外に面した席で、日が沈んでゆくのを眺めながらパテをつまんでワインを飲んだり、冬の寒い日はオニオングラタンスープで暖まってからペルノ酒を飲んだり。

……そう書くとちょっと気障（きざ）というかイキってるというか、そういう印象を受けるかもしれませんが、決してそんなわけではないんです。子供の頃からいろいろな食エッセイなどで読んできた、パリの街角の気軽な店、そこの肩肘張らない料理、そういうものがようやく身近な現実世界に現れてきた、そういう感覚でした。

そういった本の中でも、石井好子さんの『巴里の空の下オムレツのにおいは流れる』は、僕にとって特に印象的なものでした。そこに登場する――日本における「フランス料理」の一般的イメージとは大きく異なる――庶民的なフランス料理、それまでは想像するしかなかったそれがしっかりと実在しました。そういうものを、あくまで日常の延長線上の、でも入念にしつらえられた空間で楽しむ、それがカフェやビストロだったのです。

しかし世間一般において、特にカフェの方は、単なる浮ついた流行りものとして扱われがちでした。

「フランスかぶれか何か知らないが、日本の狭い歩道に無理やりせり出して排ガスまみれになりながら、別にうまくもない一見オシャレ風なものを飲み食いしている」

といった揶揄（やゆ）を、当時散々目にしました。そうやってオープンエアのフレンチカフェは流行のファッションとして消費された後、次々と閉店、もしくはスイーツをメインとした

「ただのおしゃれな喫茶店」へと変容していったのです。

作り手とお客さんのせめぎ合い

２０００年前後あたりから、巷（ちまた）には飾らない庶民的なフランス料理を気軽に楽しめるカフェやビストロが少しずつ増えていき、僕はすっかりそれに夢中になっていました。エスニック、イタリアン、和食といったものに加えて新しく、強い興味を惹かれる実に魅力的なジャンルが現れた、という感覚でした。

当時、足繁く通った店があります。その店は、僕の職場があった某地方都市にありました。聞くところによると、郊外にある老舗高級フランス料理店の支店とのことでした。

利用するのは、主にランチタイムでした。日替わりで何種類かの料理があり、それに「ライスまたはパン」が付くという、古式ゆかしき「洋食屋」のスタイルではありましたが、その料理は、コンフィやワイン煮込み、あるいはシンプルに焼いた肉など、典型的なビストロ料理。コースではなく洋食屋スタイルでの提供だったのは、ビストロという業態の黎明期、しかも地方都市のオフィス街ということで、精一杯そこに忖度（そんたく）していたということでしょう。

その代わり、プラス料金で付けられるサラダが何種類か用意されていました。そして僕は、サラダのどれかを必ず追加していました。なぜならそこには、まさに僕が求めていたものがあったからです。どういうことか。これにはちょっと説明が必要です。

そのサラダの中に二つ、特にお気に入りのものがありました。「パテカンサラダ」と「鯖(さば)サラダ」です。パテカンサラダは要するに「パテ・ド・カンパーニュのサラダ」の略であろうことは容易に察することができました。パテ・ド・カンパーニュは豚肉や豚脂、レバーなどを混ぜて焼き固めた冷菜。昔も今もビストロ前菜の定番中の定番です。

メニュー名から最初は、生野菜の上にこのパテのスライスでもトッピングしたものかと予測しましたが、実はそんな「生やさしい」ものではありませんでした。それは分厚く切り出されたパテを主役に、サラダはあくまで付け合わせとして添えられたもの。つまり現代のビストロなら単に「パテ・ド・カンパーニュ」という名称で供されるべき、オーセンティック極まりない無骨な一皿だったのです。

それをあえて「パテカン」という、職人同士の符牒(ふちょう)めいた呼び名を採用するという横紙破りを断行してまで「サラダ」と言い切ったのには、明確な理由があると思います。当時その地では「前菜」と「メイン」を組み合わせるビストロのスタイルは容易には受け入れられまいと考えたのでしょう。しかし「サラダ」であれば、サイドディッシュとして気軽に追加してもらえるかもしれない。そう考えたのだと思います。

「鯖サラダ」の方は、それに輪をかけて極端でした。それは、フライドポテトに焼いた鯖の大きな切り身を載せて、酸味のあるソースをかけた温かい料理。生野菜はカケラも使われていません。確かにじゃがいもは野菜と言えば野菜であり、そこにドレッシングめいた酸味のソースがかかっていれば、ギリギリ、サラダと強弁できなくはない。しかしそれは強弁以外の何物でもありません。

とにかく僕はこの二つの料理が最高に気に入りました。いかにもフランス料理らしく力強いその味わい自体もさることながら、この「サラダと言い切って騙してでも本場式の前菜を食わせてやろう」という、ロックな思想に感銘を受けたからでもあったと思います。

しかし、その店のそんなストロングスタイルを歓迎したのは、僕を含めてもごく少数だったのかもしれません。そのうちその店は、ハンバーグランチやパスタランチを提供するオフィス街にありがちな普通のメニューに方針変更し、そしていつのまにか無くなりました。

このように、日本におけるフランス料理はいつだって、本場の味やスタイルを貫きたい作り手と、それをおいそれとは受け入れないお客さんとのせめぎ合いです。もちろんそれはフランス料理に限らず外国の料理全てに言えることです。しかし同時に日本人は、フランス料理に対して、なまじっかなイメージも持っています。なんとなく華やかでなんとなくおしゃれでなんとなく高級な料理。ある種の固定観念、しかもあまり具体的なイメージを伴わない固定観念です。これがもしかしたら日本におけるフランス料理の普及を妨害している最大の要因なのかもしれません。

パテカンサラダの店の少し後にできた、とあるビストロがあります。この店は幸い今でもカルト的な人気店として続いており、目下、僕にとって日本で一番のお気に入りのフランス料理店です。ある時たまたまネットでその店がオープンした当時、つまり2000年代半ば頃の口コミを発見しました。ちなみに酷評です。ちょっと悪趣味なのですが、その内容を書き留めておこうと思います。ビストロ黎明期における貴重な資料だからです。もっともそのまま転記するのも憚られるので、文章は僕なりに多少（ニュアンスを損なわない程度に）整えておきます。

最初のテリーヌに唖然。え？　テリーヌって白身魚やホタテを使った料理でしょ？　でも出て来たのは冷たいハンバーグみたいなお肉の塊。こんなのが出てくるってわかってたらメインでステーキは選ばなかった……。しかも縁や裏側は固まった白い脂でべっとり。その脂を必死でこそげ落としながらなんとか食べきったけど、しょっぱいわ香草の匂いはきついわで、もう既にギブアップ寸前。

そしてメインのステーキは、肉を焼いた時の肉汁みたいなもの以外はソースらしきものはかかってなくて、その代わりのつもりなのかマスタードがべっちょり。そして付け合わせがフライドポテトって、これフランス料理じゃなくてアメリカ料理でしょ……。


これを無知と笑うのは簡単です。正直、僕も最初は苦笑しながら読みました。しかし、イメージとはあまりに異なる「フランス料理」を目の前にした彼女の心中は、察するに余りあります。シェフがもしその心中を知ったら、と想像すると、やっぱりやるせないものがあります。これは誰も悪くない悲劇です。

令和の今となっては、お肉のテリーヌやステーク・フリットを知らずにビストロに行く人もそういないかもしれません。でもそれだって、普段からビストロを訪れる人に限った話です。こういう悲劇は、今でもどこかで繰り返し起こっていることでしょう。

だからお店側は、可能な限りその悲劇を避けようとしなければなりません。そこにはやっぱり常に、作り手とお客さんのせめぎ合いがあるのです。

日本人、実はフランス料理があまり好きじゃない説

既に引退した、あるフランス料理シェフから聞いた、ちょっと面白いエピソードがあります。シェフの修業のスタートは１９７０年代、そこは一流ホテルのフランス料理店でした。そのホテルの料飲部では、定期的にレクリエーション的な会合が開かれていました。いかにもその時代らしい福利厚生の一環ですね。

ある時からそのシェフ、いや当時で言うと「コックさん」は、その会合の料理を毎回任されることになりました。習い覚えたばかりのフランス料理で先輩たちをもてなすわけですから、ある意味チャンスです。そしてその新人コックさんはそれをうまくやってのけました。「あいつはなかなかできるぞ」という確かな評価を得たのです。

自信をつけたコックさんは、ある時、フランス料理ではなく中華料理を用意しました。たまには少し目先を変えた方がみんな喜ぶのではないか、という単純な思いつきだったそうです。見よう見まねの中華でしたが、驚いたことにそれは、溢れんばかりの大絶賛でした。先輩たちは口々に「今までで一番うまい！」と大喜び。

しかしその後、コックさんは先輩コックさんに人目につかない場所に呼び出されます。先輩コックさんは煙草を燻(くゆ)らせながらこう言いました。

「お前、いい気になっとったらあかんぞ。あんなもん誰でもおいしいって言うに決まっとる。次からはまたちゃんとフランス料理を作れ」

先輩はあくまでフランス料理コックとしての誇りを伝えたかったのか、もしかしたらそこに後輩が皆に手放しで賞賛されることへの微かな嫉妬があったのか、真意はわかりません。しかしそこには揺るがない大前提がありました。「誰もがおいしいと思うのはフランス料理より中華料理である」という暗黙の了解です。それは一流ホテルの料飲部という、いわば外食のプロ集団が相手でも覆らなかった、というのが、この話のキモです。

以前、70年代までのレストランの世界ではフランス料理に圧倒的な権威があった、ということを書きました。しかしその時代においても、それはあくまで「権威」や「格式」であり、おいしさや人気はまた別だったということなのかもしれません。そしてそれは現代でも本質的にはあまり変わっていないのではないか、と思うことがあります。

もうひとり、僕の知り合いの話をします。彼はフランスでの修業を終えて10年ほど前に地元で店を持ちました。オープン当初はまさに、本場の味をそのまま持ってきた店でした。特別な材料が使われるわけではありませんでしたが、内臓やスパイス、豆を駆使した煮込みや、豚足から骨を抜いて詰め物をした料理など、一手間かけた繊細かつ豪快な料理が売り。日本のビストロで定番のキッシュやニース風サラダなんかも、よく見る可憐なものではなく、やたら褐色でゴツゴツしたワイルドなスタイル。

しかしそれは長くは続きませんでした。ニース風サラダやキッシュはいつの間にか量も見た目も可愛らしくなり、前菜にはそれら以外にカルパッチョやシーザーサラダも加わりました。メインの「煮込み枠」は、内臓や豚足ではなく煮込みハンバーグに。そしてその店はめでたく、ランチタイムは女性客でごった返す繁盛店となりました。

更に夜のメニューでは、ローストビーフをウリにしつつアヒージョなどの小皿料理を増やし、元々のワインの価格設定が異常に安かったこともあり、ワインバー的に重宝されるようになりました。思い切ってパスタも始めて、「自家製厚切りベーコンのカルボナーラ」や「大人のナポリタン」は、全てのグループがどちらかを注文するくらいの人気メニューとなりました。

彼は、「かえって気が楽になったよ。みんな喜んでくれるし、正直仕込みも楽になった」と笑います。それが本心なのかどうか、僕にはわかりません。

こういう光景は、この店ばかりのことではありません。グルメ雑誌等では「ビストロブーム」などということがかつて言われて久しいですが、グルメ雑誌が煽るものがだいたい何でもそうであるように、それは決して世間全体を巻き込んだブームとまでは言えるものではありません。僕は昔から「日本人は本当はあまりフランス料理が好きじゃないのではないか」と、うっすら思っています。それは、昔のホテルフレンチから現代のビストロまでずっと変わらないように思えます。

知人の店がまさにそうですが、定番料理は日本人が好む典型的なスタイルに落とし込み、そこにイタリアンやバル、洋食、といった周辺文化の助けも総動員して、ようやくビジネスとして成立するのがフランス料理なのかもしれません。

もちろん一定数以上の愛好家は存在します。そして（都会であれば）その期待に応えてくれる店は少数ながら存在します。そういう店はキッシュを「あえて」メニューから外し、カルパッチョやパスタは「絶対に」置きません。そこには小さくて幸せな世界が成立しています。更にもっと先鋭的な（そして極めて高額な）イノベーティブフレンチなどの世界もあります。それはエスニックやガチ中華、インド料理などと同様、本格的になればなるほど限定的なマニアによって支えられる、という「いつもの」構造。

しかしフランス料理には、エスニックなどには無い独特の呪縛があります。世界で最も格式高いもてなし料理であり、誰もが羨むべきものであり、極めておしゃれな食べ物である。そしてそうでなければならない。そんな呪縛。

そろそろみんな、フランス料理をそんな呪縛から解放してあげてもいいのではないでしょうか。ワイルドな料理を苦しくなるまでガツガツ喰らったり、繊細な料理に全神経を集中させて無言で向き合ったり。社交もおしゃれも格式も関係なく、もっと素直に楽しめばいいのでは？　そんなふうに思っています。

chapter

4

THAI CUISINE
タイ料理

かつてタイ料理は
パラダイムシフトだった

パラダイムシフト、という言葉があります。その時代や分野において当然のことと考えられていた認識や価値観が劇的に変化することを言います。

僕にとってタイ料理は、まさにこのパラダイムシフトでした。そしてそれは、決して僕だけでなく、多くの人々にとってもそうだったのではないかと思っています。かつてタイ料理によって、少々大袈裟に言えば「人生が変わった」人は決して少なくないのではないでしょうか。

第一次エスニックブームと言われる現象が起こったのは1980年代中頃。これはその少し前からの「激辛ブーム」や「海外旅行ブーム」が導いたものではないか、と、食文化研究家の阿古真理氏は指摘しています。そのブームを牽引したジャンルの重要なひとつがタイ料理でした。

僕自身がタイ料理と出会うのは、そのもう少し後、1990年頃のことです。当時僕は京都に住んでおり、大学生になったばかりでした。阿古氏によると、『Hanako』などの女性誌や『dancyu』などのグルメ誌が盛んに取り上げたこともきっかけとなって、タイ料理店が全国に増えていったという、まさにその時期と重なります。

タイ料理がパラダイムシフトだった、と思う理由は、まず味そのものにありました。真っ先に来る印象としては、何と言っても「辛い」。もちろん辛い料理自体はそれまでにもいくらでもあったかもしれませんが、その度合いや、特に、料理に当たり前のようにさりげなく潜んでいる生の唐辛子を直接口に入れてしまった時の衝撃は、明らかにそれまで経験したことのないものでした。

トムヤムクンに代表されるように、辛さと同時に「酸っぱさ」が襲ってくるというのも、案外、未知の体験でした。その酸味が酢ではなく柑橘果汁によるものだったことも、その印象を新鮮なものにしていたと思います。

ナンプラー（魚醬）の味わいも、やはり初めての体験でした。ただしこの味わいは、新鮮であったと同時に、なぜか郷愁を掻き立てられる、日本人の自分にもどこかスッと馴染むおいしさでもありました。このことは、タイ料理がすんなりと日本人に受け入れられた重要な要素だったのではないかと思っています。日本人は、醬油のような発酵調味料にも、魚介のうま味にも、骨の髄から慣れ親しんでいたからでしょう。

ココナツミルクを料理に使う、というのも驚きでした。ココナツの風味自体は誰もが知るところだったと思います。しかしタイ料理普及以前、それは甘いお菓子のフレイヴァー、ないしは日焼け用オイル（コパトーン）の匂いでしかなかったのです。

そんなココナツミルクが重要な役割を果たす「タイカレー」と、長粒米であるジャスミンライスとの、驚くべき相性の良さもまた衝撃でした。その少し後である1993年、たまたま国内の米不足から緊急輸入された「タイ米」が一般層に蛇蝎の如く嫌われていた中で、タイ料理を通じてそのおいしさを理解していた人々がそれを擁護していた温度差は、今でも語り草となっています。

しかし、当時何より衝撃的だったのがパクチーです。最初は僕もわけがわかりませんでした。唐辛子の辛さは「ちょっとした痩せ我慢」さえすれば乗り越えられて、乗り越えればかえってヤミツキになる。ナンプラーやココナツは、びっくりしつつもなぜかすんなり受け入れられる。酸っぱさは、タイ料理の特徴のひとつである「甘さ」で相殺される。

しかしパクチーは別でした。最初は僕も「なんでこんなマズい『草』を、わざわざ料理に入れるんだろう」と首を傾げつつ、さりげなく避けて食べていました。そのうちわざわざ避けるのも面倒になり（あるいは少しの見栄もあり）、なんとなく（仕方なく）食べているうちに、気が付けばその独特すぎる味わいの虜になっていました。今考えても少し不思議です。

パクチーを克服してからは、他のハーブもだんだん個別に認識していくようになりました。レモングラスやバイマックルーといった、これもまたタイ料理に欠かせないハーブです。これらはやっぱり未知の香りではあったけれど、ナンプラー同様、どこかすんなり馴染める要素でもありました。

ミントはココナツ同様、それまでは料理に使われるイメージがゼロだった要素です。特殊なお菓子か「歯磨き粉」のイメージですね。でもそれも、難敵パクチーすら乗り越えた後では、たいしたハードルではありませんでした。

思わず長々と、当時の僕がタイ料理から受けた衝撃を因数分解してしまいましたが、これらは全て、タイ料理を知る前には完全に未知の味覚要素でした。もう少し具体的に言うと、それまで知っていた「世界の料理」は「和・洋・中」というシンプルな三文字に集約されていました。しかし右にあげた各要素は、全てそこには無いものだったのです。

今となっては、ナンプラーはむしろ日本人なら誰もが知る基本調味料のひとつですし、ココナツやパクチーが料理に使われるのも（相変わらず人によって多少の好き嫌いはあるにせよ）当たり前。日本人の「辛さ耐性」は飛躍的に向上し、当時の「激辛」も今となっては、「んー、確かに辛いけど別に普通?」程度のことになっていると感じます。長粒米を「外米」と呼んで毛嫌いする感覚も、今やすっかり過去のものです。しかしそれらは全て、その時代に始まったのです。そんなパラダイムシフトをリアルタイムで体験した世代にとってタイ料理は、一生涯にわたるある種特別な存在になったのではないでしょうか。

タイ料理に続くように、お隣の国であるベトナム料理もちょっとしたブームになりました。ベトナム料理とタイ料理の違いを、あえて乱暴に説明すれば、それは「ベトナム料理の方が上品」ということではないかと密かに思っています。乱暴すぎて怒られることは覚悟の上で言ってるので最初に謝っておきます。「ごめんなさい」。

タイ料理は、甘さ・しょっぱさ・酸っぱさ・辛さ・うま味・香り、といった味覚の各要素が、全方位的にフルカウントしている料理です。そしてそれらが緊張感の中で見事にバランスしているのがその妙味。極めてインパクトの強い料理体系です。ベトナム料理はそれに比べて、香り以外の各要素がだいぶおとなしめです。それもあって、ベトナム料理にはタイ料理よりヘルシーなイメージがあります。

エスニックブームは、その黎明期において女性誌『Hanako』が大きな役割を果たしたことからもわかるように、女性層こそがその立役者でした。低カロリーでヘルシーな麺料理「フォー」をキラーアイテムとした「上品」で「おしゃれ」なベトナム料理は、タイ料理と並ぶエスニック料理として、女性を中心に大きな支持を集めました。

ここに来て「エスニック料理」は、タイ料理という「点」から、東南アジア料理という「面」になったのではないかと思います。更に当時の海外旅行ブームは、アジアンリゾートの代表とも言えるバリ島を擁するインドネシアや、更にシンガポールや台湾なども含めた広いエリアで、それまで未知だった食文化にスポットライトが当てられる現象を導きました。

「和・洋・中」という昔ながらの3軸が、「和・洋・中・エスニック」という4軸に進化したのが、この時代だったのでしょう。パクチーも魚醤も唐辛子も長粒米も、決してタイ料理のみに固有なものではなく世界の広い地域で愛されている普遍的な美味であることも、日本人はこの時代に少しずつ理解していったはずです。そしてもちろん僕自身も、その中のひとりでした。

そんなムーブメントにおいて常にその中心にあったタイ料理は、その後も幾度となく、ちょっとしたブームを呼び続けています。パクチーブーム、カオマンガイブーム、ガパオライスブームなどがそれ。ゼロ年代以降は世の中にすっかり定着し、もはや当たり前すぎて特に騒がれることもなくなったかのようにも見えるタイ料理ですが、そうやって思い出したように注目を集め、その度に着実に新たなファンを増やしています。

少し個人的な話をすると、この十余年にわたってインド料理に携わってきた僕にとって、それはとても羨ましい現象。インド料理にとってタイ料理は、常に朋友でありつつも、ライバル、いや、絶対に超えられないエスニック料理界の絶対王者でもありました。しかしそれはまた別の物語。いつかまたお話ししましょう。

気が付けばタイ料理は日常になっていた

1980年代中頃に彗星のごとく登場し1990年代に急激に店舗を増やしたタイ料理は、当時の多くの人々に衝撃を与えました。強烈な辛さ、独特なハーブの香り、ココナッツやタマリンドのエキゾチックな味わいは、和食はもちろん洋食や中華とも全く異なる、まさに新しい文化だったのです。

それでいて、調味の中心となるナンプラーは日本人にとってもなぜか郷愁を誘われる味でもあり、ちょっと極端なまでに甘酸っぱい味付けにはある種の人懐こさもありました。

完全に未知の新しい味わいであるにもかかわらず、意外なほど馴染みやすいタイ料理は、若者を中心に多くのファンを獲得したのです。

僕がタイ料理の虜になった1990年前後は、まだギリギリ、バブル時代でした。当時の若者世代の価値観は大きくその影響を受けていたと思います。どういう青春が理想なのか。それは、「DCブランド」の服に身を包み、おしゃれな「カフェバー」やゴージャスな「ディスコ」に夜な夜な集い、「高級レストラン」を予約しデートして……。そんな人々が、ヒエラルキーの最上位に君臨している、という世界観です。

実際のところそんな特殊な生活を謳歌している若者が当時どれほどの割合でいたかはともかくとして、若者たるものそれを目指さねばならぬ、みたいな強迫観念はどこかに抱いていたと思います。

しかし、地方から出てきて一人暮らしを始めた大学生の自分の暮らしは、(当然のことながら)そういう世界とは程遠いものでした。何ならかすりもしません。そういう煌(きら)びやかな世界にいざなってくれる友人もいません。そもそもお金がありません。しかしそんな中で僕は、別方向に活路を開きました。

ボロボロのジーンズと古着のネルシャツはニルヴァーナのカート・コベインみたいで、「DCブランド」よりむしろオシャレじゃん。ドレスコードのあるディスコに行かなくても、音楽好きが集うアンダーグラウンドな「クラブ」の方がずっと楽しいじゃん。カフェバーで無為な時間を過ごすより、家でゴダールや小津安二郎の映画をレンタルビデオで観て吉田戦車の漫画を読む方がずっと文化的じゃん。そして世の中にはそんな価値観に共鳴してくれる人がきっといて、その中の誰かが「彼女」になってくれるかもしれないじゃん……。

そんな文脈の中に「タイ料理」は実にすんなりとはまりました。高級レストランを無理して予約するより、僅かなバイト代を握りしめてふらっとタイ料理店に行く方が、遥かにリラックスできてなおかつエキサイティングな体験を楽しめるじゃん。もしも運よく彼女ができそうになったら、そんなタイ料理店でデートすればいいじゃん……。

それは単に当時の僕のパーソナルなルサンチマンというだけではなく、「90年代のサブカルチャー」を取り巻く空気感の典型的なひとつだったのではないかと思います。バブルの終焉と歩調を合わせるかのごとくタイ料理を中心とするエスニック料理が盛り上がったのには、こういう時代背景もあったのではないでしょうか。

だから当時のタイ料理は「オシャレ」なものでもありました。バブル的なキメキメ・イケイケのオシャレからは距離を置いた、カジュアルでどこか文化的なオシャレです。もちろん現代でもまだ、オシャレに装ったタイ料理店はそれはそれで存在します。しかし当時と比べれば、タイ料理全体のイメージはぐっと庶民的で日常的なものになりました。

これは特に東京周辺において顕著ですが、繁華街に限らずあらゆる街の駅近辺には現地の方が営むタイ料理店があります。ほとんどは喫茶店や定食屋などからの居抜きで、ある種のチープさや生活感も漂います。それはどこか、昨今急増している中国人によって営まれる大衆中華料理店にも通ずるものがあります。

それは決して「退化」ではなく、むしろよりリアルな本場の食堂スタイルへの接近とも言えるのかもしれません。更に最近では、むしろ逆方向に振り切った屋台風の極めてチープな造作のタイ料理店が人気を博しています。店外にはみ出すプラスチックのテーブルやペラペラのアルミのスプーンが、今の時代の空気にもマッチしているのでしょう。

かつて若者にパラダイムシフトをもたらしたタイ料理は、今や老若男女にとってすっかり日常の一部になったのです。

さてここまで、とても大事なことにあえて触れずに書き進めてきました。

「タイ料理は日常の一部になった」と聞いて、「確かにその通りだ」と思う人と「ちっともそんなことはないぞ」と首を傾げる人がいると思います。日本全体で見ると、後者の方が多数派かもしれません。これには理由があります。日本のタイ料理店は、とにかく東京とその周辺を中心とする一部地域に集中しているのです。

具体的な数字を出すと、全国に約２３００店舗あるタイ料理店のうち、実に40%近くにあたる約８６０店舗が東京都内に集中しています。翻って、全都道府県の半数は、県内に10店舗以下（「食べログ」２０２３年11月時点）。90年代の全国的なエスニックブームを経て、東京を始めとする限られたエリアではそれがすっかり定着したけれど、ほとんどの土地では実際はブームの圏外にあった、もしくはブームの終焉と共にむしろ衰退したということなのでしょう。

飲食店に限らず「東京への一極集中」はよく言われることですが、これほどの規模でそれが起こっている現象はなかなか他に無いかもしれません。ですので、実は「日本のタイ料理は」という主語で何かを語ることはとても難しいのが正直なところです。

ただし、「タイ風グリーンカレー」「ガパオライス」「カオマンガイ」といった代表的な料理のいくつかに限っては、タイ料理不毛の地でもある程度日常的なものになっていることでしょう。タイ料理専門店は無くとも、それ以外のカフェやファミリーレストランなどでも提供されることがよくあるからです。例えば「古民家カフェ」のランチでこういうものがメニューに並んでいるのはよく見る光景です。専門の料理人がいなくても提供しやすい料理であり、そういう店にはどこか「90年代型サブカル」の残り香もあります。親和性が高いのです。

これらは飲食店で提供されるだけでなく、レトルト食品やお弁当としても全国区の人気を獲得しています。無印良品のレトルトグリーンカレーは、2002年にエスニックブームの余勢を駆って発売され、今に至るまでベストセラー商品です。2011年にはいなばの「タイカレー缶」、2014年には日清カップヌードルのシリーズ「トムヤムクンヌードル」が大ヒット、コンビニや弁当店には夏場になると「ガパオライス弁当」が並ぶなど、なんだかんだでタイ料理は、常に一定の支持を得ているようですね。

一方、東京などのタイ料理がすっかり日常化している地域では、その細分化も進んでいます。だいたいどんなジャンルでも成熟すると細分化が進むものですが、タイ料理においてもそれは例外ではありません。その代表的なものが「イサーン料理」ということになるでしょう。

イサーン地方はタイの東北部にあたり、中部の首都バンコクとは食文化の成り立ちが異なります。イサーンからの出稼ぎ労働者はかつてその食文化をバンコクにもたらし、タイ料理レストランのメニューの代表的なものの中にも「ソムタム（青パパイヤのサラダ）」「ガイヤーン（鶏の炭火焼き）」といった、もともとイサーン料理だったものが一部定着しています。そんなイサーン料理を専門的に提供するという触れ込みのお店が日本、もとい東京でも一時期急増しました。

もっともそんな東京においても、今さらタイ料理に目新しさを求めるような流れはさほど無いようにも思います。地方都市で今後タイ料理店が急増することもないでしょう。言わば「既にこなれきったジャンル」なのかもしれません。

僕自身にとっても今やタイ料理はそんな存在です。でも、やっぱり時々無性に食べたくなるのも確かです。ふらっとお店に赴くこともあれば、家でパパッと作ってしまうこともあります。そしてその度に「タイ料理っておいしいなあ……」と、改めてしみじみ感じます。若かりし日、大袈裟に言えば己のアイデンティティを確立せんがために、少し背伸びしながらチャレンジしていた対象、という特別な役目はとうに終えました。しかしタイ料理はいつだって裏切らない。今やそれは、気軽に、そして確実においしいものを食べたい時の、定番的な選択肢のひとつです。

chapter

5

RUSSIAN CUISINE

ロシア料理

ロシア料理店は昭和のタイムカプセル

僕が初めてちゃんとロシア料理を食べたのは2010年代のことだったと思います。

その店は駅前のメインストリートから一本入ったところにある雑居ビルの4階にありました。日本でもっとも古くからやっているロシア料理店のひとつ、という触れ込みでしたが、そもそも日本で新規にロシア料理店が開店するなんていう話はついぞ聞いたことがなく、ロシア料理店はそのほぼ全てが「古くからやっている店」です。

心なしか軋むような音がする古いエレベーターでそのフロアに上がると、そこはびっくりするくらいの「昭和」でした。店頭には大きなガラスのショーケースがあり、食品サンプルが並んでいます。昔懐かしいデパートの大食堂を彷彿とさせます。もちろん大食堂とは違って、そこには「ロシア料理」だけが並んでいます。どれも実にシンプルで平べったい盛り付け。それが時の経過で色褪せ気味なこともあって、現代的な意味での「おいしそう」からは程遠いビジュアルでした。「映え」とは正反対の世界観。

しかし、そんなことで怯む僕ではありません。こういう店にこそ人々が見逃しがちなここだけの美味があるはずだ、そう自分に言い聞かせて、初志貫徹、お店に入りました。

その日は、その店で一番スタンダードなコースを注文しました。内容は、スモークサーモン、ボルシチ、きのこの壺焼き、ピロシキ、牛肉の串焼き、ロシアンティー。どうでしょう？　普段ロシア料理に馴染みのない大方の日本人にとっても、これは容易にイメージできるラインナップなのではないでしょうか。

そしてその時の感想をあえて一言で語るなら、それは「炭水化物責め」でした。どういうことか……。

ボルシチと共に、パンが二切れ供されました。いわゆる「黒パン」です。みっしりと堅く重量感も満点で、口中の水分を瞬時に干上がらせるそれは、食べても食べてもなかなか減りませんでした。壺焼きは、きのこのクリーム煮にパン生地をかぶせてオーブンで焼いた料理です。このパン生地がこれまたみっしりと分厚く、スプーンで無理やり崩して壺の中に落とすと、その存在感はクリーム煮を完全に覆い隠しました。ピロシキは、握り拳大の揚げパンの中央に親指大の肉ダネが、実に慎ましやかに埋もれているものでした。

ひたすら各種のパンと格闘し続けねばならない、しかもそれらはどれもみっしりと堅くて巨大。それがロシア料理の第一印象でした。

その店は、今はもうありません。数年前に閉店してしまったのです。ふんわり、ジューシー、まったり、といった現代日本人の嗜好と対極にあったその料理が淘汰されてしまったことは、「宜なるかな」ではあるような気もしつつ、寂しさも感じます。なぜあのような料理を、こだわって出し続けていたのか、今に至るまで僕の中で解明しきれていない謎です。

昭和の日本人は、少量のおかずで大量の米をかっ食らうのがあくまで基本だった。だから少量の肉や野菜と共に大量のパンが供されるようなコースも当時は普通に受け入れられていたのではないか、というのが個人的な仮説のひとつです。しかし当時だってそういう店ばかりではなかったことも想像に難くなく、この仮説は我ながら説得力が希薄です。

もうひとつの仮説はやや突飛です。その店は開業当時、共産主義系文化人のサロンでもあったらしいのです。ブルジョア的な美食を良しとせず、あくまでロシア民衆の日常食に近いものを提供すべしという崇高なポリシーがそこにあったのではないか？　そんな想像もしました。しかしそれも真相は今や闇の中です。

こんなエピソードをお話しすると、ただでさえ一般的には馴染みの薄すぎるロシア料理を更に敬遠させてしまうかもしれません。しかしそれはあくまで、いくつもあるエピソードのひとつに過ぎないのだということは、ここで明言しておかねばならないでしょう。

というのも、少なくとも日本国内におけるロシア料理店は、どれひとつ取っても同じような店が無いのです。これはある意味とても特殊です。イタリアンであれタイ料理であれ居酒屋であれ、どんなジャンルでも大抵、そこに属する店の大多数は似たようなメニューと味付けであり、それに対して少数の店がそれぞれの独自路線で「差別化」をはかる、というのが基本的な構造。それに対してロシア料理というジャンルは、僕が知る限り全ての店が独自路線なんですね。冒頭の店もその中のひとつということです。

ひとつ例を挙げると、ボルシチはどの店でも定番メニューですが、その内容には同じ料理とは思えないくらい店ごとの振れ幅があります。冒頭の店のそれは、こま切れの野菜と僅かな肉が沈んだ極めて素朴なサラサラのスープ、という風情でしたが、別の店のそれは和食でいうところの「けんちん汁」のような、ゴロゴロと具沢山のごった煮でした。そしてまた別の店では、ほぼ「ビーフシチュー」と言ってもいいくらい、牛肉たっぷりでとろりと濃厚な料理だったこともあります。

余談ですが、僕はそのビーフシチューみたいなボルシチを初めて食べた時、「これが『東京ボルシチ』の原型かも!?」と、長年の疑問が腑に落ちた気がしました。

「東京ボルシチ」は、全国的に有名なスープ専門店「スープストックトーキョー」の創業以来の看板メニュー。一般的なボルシチのイメージとは全く違う、ほぼビーフシチューに近い味わいで、僕はそれを初めて食べた15年前から、そのネーミングの理由が不思議でなりませんでした。実際、公式サイトでも、

「(ボルシチには不可欠とされる) ビーツもキャベツも使っておらず、これはあくまでオリジナル料理です」

というようなことが明言されています。

更にはそれが「創業者が両親と初めて外食で食べた思い出の味」であることも書かれており、僕は、それがまさにそのロシア料理店のボルシチだったのではないか、と勝手に想像したというわけです。

定番といえば、ピロシキもやはり様々。ある店のそれは冒頭の店とは対照的に、薄い皮に肉がぎっしりと詰まったものでした。ナツメグなどのスパイスが程よく効いたそれは、びっくりするくらいおいしくて、いっぺんで虜になりました。「肉ダネを穀物の皮で包んだ料理」は、餃子だのタコスだの、世界中に存在しますが、その中でも最高のもののひとつだと思っています。

料理内容だけではなく、お店のスタイルも千差万別。ある店はまるで「スナック」のような店内で、マダムが「昭和の (お金持ちの家の) 家庭料理」みたいな料理でもてなして

くれます。そうかと思えば、ヨーロッパのクラシックなホテルレストランのような内装で、まるでフレンチのように仕立てられた料理を出してくれる格式高いスタイルの店もあります。ちなみにそういう店だからといって特に値段が高いわけでもありません。

また別の店は古くからの門前町にあり、そこは料理も雰囲気も限りなく「昔ながらの日式洋食店」に近いものです。ただし洋食と言っても、昨今主流である庶民的な定食スタイルの洋食とはひと味違う、昔ながらのハイカラな西洋料理の趣。コース主体で、そこにはクリームコロッケやトルネードステーキも組み込まれています。

斯様（かよう）に、日本のロシア料理店には定型的な味やスタイルと言えるものが存在していません。少なくともこの半世紀はジャンルとしてのブームも淘汰も無かったから、それぞれのお店が良い意味でガラパゴス的に、歴代の常連さんたちと共にその世界を守り通してきたのではないかと思っています。だからそこには、ある種のタイムカプセルのように、昭和の外食文化の名残が色濃く保存されています。それを楽しむのもまたロシア料理店の醍醐味のひとつではないかと思います。

ただしなんとなく感じているのは、どの店もおそらく、現代のロシアで食べる本場の料理ともまた少しずつ、あるいは大きく違うのだろうなということです。こうやって日本で（あまりに振れ幅の大きい！）様々なスタイルのロシア料理を食べた上で、コンテンポラリーなロシア料理を現地のレストランで経験できたら、それはとても濃密な体験になりそうな気がします。

これを書いている2023年現在、残念ながらそういうロシアへの旅行はまだしばらく無理そうです。一日も早く、そんなことが当たり前にできる世界が戻ってくることを、心から願わずにはいられません。

地には平和を。

chapter

6

ITALIAN CUISINE

イタリア料理

80年代「イタメシ」ブーム

今更ながら、改めて。この本は、日本における外国料理の変遷を扱っています。なので、対象となるのが僕自身が実際行ったことのある国の料理であってもそうでなくても、あくまで日本に住む一生活者としての視点からの話を書く、という点は一貫しています。「本場ではこうだった」という話はあえて避け、日本で見聞きしたことに絞っているわけです。

しかし、ことイタリア料理に限っては少し状況が特殊です。なぜなら、イタリアは僕にとって「行ったことがない」国であるにもかかわらず、「本場はこうだ」という話だけは、日本に居たままでいくらでも耳に入ってくるから。本やネットはもちろん、実際行った人から生の話を聞くことも少なくありません。そしてイタリア料理は、とかく本場との対比で語られがちです。

長年そんなことが続いてきたから、僕はもはや行ったことがあるかのような錯覚に陥ることがあります。すっかり「耳年増」の状態です。

僕が初めてイタリア料理に関して本場の生の情報を得たのは、イタリア旅行から帰ってきた母親からでした。まだ中学生の頃でしたから、1980年代ということになります。

彼女にとってイタリアは憧れの国のひとつであり、またスパゲッティは得意料理でもありましたから、行く前は本場のそれをとても楽しみにしていました。しかし帰国した母は、実に残念そうな口ぶりでこんなことを言ったのです。

「本場のスパゲッティは大味で、ちっともおいしくなかった」

大味、というのはなかなか説明が難しい概念ですが、その対義語は「小味が利いている」です。繊細なうま味が複雑に折り重なった味と言えるでしょう。そうなると「大味」は、単調で大雑把な味、ということになるでしょうか。

その数年後、現地の味の報告を僕にもたらしてくれた二人目の人物は、同級生の女の子でした。彼女は母と違い、それを極めて好意的に受け止めていました。

「スパゲッティのトマトソースがびっくりするくらい酸っぱくてすごくおいしかった」

というのがその感想。

二人の異なる感想は、今となってはどちらもなんとなく腑に落ちます。素材をシンプルに生かした本場のスパゲッティは、期待値が高すぎたことも相まって単調な味に感じられたのでしょうし、短時間で手早く仕上げられるトマトソースもまた、当時の日本の一般的な洋食におけるそれとは全く異なっていた、ということです。

当時の「本格的な」スパゲッティのイメージとは、手の込んだ洋食メニューのひとつ、というものでした。味付けには「昆布茶」や「醬油」などの隠し味が複雑に使われ、トマトソースを始めとする各種ソースも、いろいろな香味野菜と共にじっくり長時間、酸味を飛ばして甘みを引き出すように煮込まれ続けるものだったと思います。

スパゲッティと言えばケチャップ味のナポリタン、という認識はまだまだ根強い時代だったと思います。しかし、同時に世の中では「ゆであげ」を誇らしげに謳うスパゲッティ専門店も登場していました。茹で置きした麵を炒めて仕上げるのではなく、注文後に茹でて調理する、ということですね。今ではそんなの当たり前以前の話ですが、当時は茹でたてを提供することがそれだけで付加価値でした。家で母親が作っていたスパゲッティも、概ねそのようなお店で出てくるのと同じようなもの。トマトソースは酸味がまろやかになるまでじっくり煮込まれ、クリームソースは生クリームではなくベシャメルソースで、乾燥バジルを使った「バジリコ」というメニューも定番でした。

僕自身は家で「ナポリタン」を食べていた記憶がほとんどありません。ちょうどナポリタン一強からの過渡期で、我が家は少しだけ時代を先取りしていたということになるでしょう。そしてそれら「ゆであげ」のスパゲッティこそ（ナポリタンとは決定的に違い）本場イタリア風である、と誰もが信じて疑わなかったのではないでしょうか。僕の母もそう信じたままイタリアに行き、そこで本場とのあまりの違いにショックを受けて帰ってきた、ということになります。

スパゲッティ以外のイタリア料理はどうでしょう。まず挙げられるのはピザです。80年代当時は「ピザパイ」とも呼ばれていました。ピザパイというのはイタリアではなくアメリカでの呼称です。当時のピザは、もちろんイタリアの食べ物と認識されてはいましたが、実のところそれはアメリカナイズドされたイタリア料理から派生していったものでした。

１９７０年代以前のメニューブックやグルメガイドなどの資料をひもとくと、本場風のイタリアンが到来する以前の日本では、イタリア料理と言ってもそれは、フランス料理の流れを汲む西洋料理店で供される「イタリア風料理」であったり、一旦アメリカを経由したスタイルであることが多かったようです。

当時、家族で利用していた「イタリア料理の店」が、まさにそんな感じでした。看板メニューの大きな「ピザパイ」は、保温用のアルコールランプが仕込まれた金色の平台に載せられて恭しく（うやうや）サーブされました。ピザパイ以外のメニューは、ステーキ、ハンバーグ、グラタンなど、当時増え始めていたファミリーレストランとほぼ共通のものばかりだった記憶があります。

その店にある時、珍しくランチタイムに連れて行ってもらい、内容をよく見ずに「本日のサービスランチ」を選んだら、出てきたものは白身魚フライにライスとコーンスープが付いた内容だったことがありました。子供心にも「せっかくピザパイの店に連れてきてもらったのに、なんてつまらないものを選んでしまったんだ！」と後悔しきりだったことを憶えています。

ちなみにかのサイゼリヤの創業当時も、まさにこういったタイプの店だったことが、公開されている当時のメニューから推察されます。現代においては、こういうスタイルの「イタリア料理店」はほとんど存在しないでしょう。子供時代の思い出のその店も、その後、宅配ピザ専門店に商売替えしたようです。

再び資料をひもとくと、この時代、つまり1980年代は、本格的なイタリア料理が一気に花開いた時代、ということになっています。本場で修業した天才肌のシェフが次々に現れ、今に続く名店が誕生し、日本のイタリア料理界は一気に世界レベルに至った、と。もちろんそのこと自体は疑いようのない事実だと思います。しかしそれはあくまで都会の、そしてガストロノミックな限られた世界での出来事。日本のほとんどを占める地方においては、そして我々庶民の世界とは、全く関係無いに等しかったわけです。

「イタメシブーム」なんてことが言われてからずいぶん経った、あれは忘れもしない1993年。大阪郊外の工場地帯という決して都会的とは言えない場所の路上で、印象的な会話をたまたま耳にしたことがありました。会話の主は小さなお子さん連れの二人の若い主婦。長い髪を茶色に染めた、当時「ヤンママ」と呼ばれていたようなタイプでした。


「なあ、ペペロンチーノって知っとる？　わたし最近めっちゃ作ってんねん」

「ペペロンチーノ？　なんか聞いたことあるな」

「ニンニクと鷹の爪をな、オリーブ油で揚げるねん。そんでその油でスパゲッティを炒めるねん」

「そんなんおいしいの？　味付けは？」

「塩だけ。ハマるで」


幹線道路の横断歩道で信号待ちをしながらその会話を聞くともなしに聞いた僕は、「ああ、ついに日本の津々浦々にイタリア風のパスタが浸透したのか」と、ある種の感慨に耽りました。

その後も日本のイタリア料理界は、世界と歩調を合わせて進化し、スターシェフが次々と誕生、そして地方料理への細分化も進み、と順風満帆なようですが、それはやっぱり言うなれば上澄みの世界。確かにこの3～40年でイタリア料理は本格化し、流行し、単なる流行を超えてすっかり定着しました。しかし巷におけるその歩みには、もっと複雑な悲喜交々があり、それはある意味とてもドラマティックです。この章ではそんな、庶民の世界におけるイタリア料理のリアルな変遷を辿っていこうと思います。

「ハザマのスパゲッティ」

大都市におけるガストロノミー的な限られた世界を除けば、一般に本場風のイタリア料理が普及して行ったのは、１９９０年代以降なのではないでしょうか。80年代のバブル期にそれは既に「イタメシ」と呼ばれ、ブームであるかのように言われていましたが、決して誰もがそのブームに直接触れられたわけではないはずです。当時の若い女性の誰もがディスコで羽根の付いた扇を振り回していたわけではないのと同じです。

何にせよ本場風のイタリア料理店において、スパゲッティは突然「パスタ」と呼ばれ始めました。それまでの日本のスパゲッティとは明確な一線を引くことを、提供者側もお客さん側も強く求めたということだと思います。それはこれまでにない、最新型のおしゃれな食べ物でなければならなかったのです。

こういう話になると、比較対象として常に持ち出されるのは「ナポリタン」です。日本は90年頃を境に、ナポリタンの時代からパスタの時代に移り変わった、というのが、割と一般的な歴史認識なのではないでしょうか。しかし個人的にはこのナポリタン時代とパスタ時代の間に、もうひとつの時代が挟まっていたと考えています。世の中にそのジャンルを指し示す明確な言葉は無いので、僕は勝手にそれを「ハザマの時代」、そしてそこで提供されていたようなスパゲッティを「ハザマのスパゲッティ」と呼んでいます。

ハザマのスパゲッティにはいくつかのスタイルがありますが、その典型は以下のようなものです。

・基本的には「スパゲッティ専門店」で提供されます。肉や魚のメインディッシュ的なものを扱うことは無いか、あってもあくまでサイドディッシュ扱いです。
・スパゲッティは、ナポリタンのような「ゆでおき」ではなく、注文のたびに茹でられる「ゆであげ」であり、またそのことが強くアピールされています。
・スパゲッティのメニューは、いくつかのカテゴリーに分かれています。代表的なパターンとしては、トマトソース／クリームソース／ガーリックオイル／和風醤油／スペシャルといった区分けです。

・各カテゴリー内のメニューは「ベーコン」「ツナ」「小海老」「ほうれん草」「しめじ」といった食材が単体で、あるいは複数組み合わされて記載されており、それがそのままメニュー名となっています。お客さんは「トマトソースのベーコンしめじほうれん草」みたいな感じでオーダーします。つまりメニューは〔味付け〕×〔素材＋素材＋……〕の順列組み合わせが全て表示されるので、メニューの総数は時に膨大なものになります。

・「スペシャル」のカテゴリーにはまず間違いなく「たらこ」「明太子」があります。「ウニ」もよくあります。それらは陶器の皿ではなく木製のボウルで提供されることも少なくありません。「カルボナーラ」も、この枠の代表選手です。

ここまで説明すれば「ああ、ああいう店のことか！」とピンとくる方も多いのではないでしょうか。このタイプの店は、今でも結構生き残っていますし、中には時代に合わせて内容を少しずつ変えて、半ばイタリア風の「パスタ」の店としてメタモルフォーゼを果たした店もあります。

「ハザマのスパゲッティ」にはこれ以外にも、少しずつ異なるいくつかのパターンがありますが、僕はそれらこそが「ナポリタンの時代」と「パスタの時代」をスムーズに繋いだ重要な存在なのではないかと考えています。先にも書いたように、マスコミが「イタメシ」ブームを喧伝し、「アルデンテ」という概念を定着させたのと、実際のイタリア料理の一般的な普及にはタイムラグがありました。そのタイムラグを埋めたのが「ハザマのスパゲッティ」であり、そしてそれは本場風イタリアン普及の後も共存し続けました。あたかも生物史におけるネアンデルタール人とホモサピエンスのように。そしてその覇権交代と共存こそが、日本のイタリアン普及において、様々なドラマを紡ぎ出したのではないかと思っています。

ハザマのスパゲッティにおいて「たらこ」や「きのこの和風醤油」などの、和風スパゲッティが重要な役割を占めていたのは確かです。しかし同時に、トマトソースやクリームソース、ガーリックオイルなどのメニューは、おそらく「イタリア本場の味」と認識されていたことでしょう。

しかし実際は、トマトソースは香味野菜と共に長時間煮込まれた、従来の「洋食」のそれに近いものであり、クリームソースはイタリア式の生クリームベースではなく、これまた旧来の洋食店的な「ベシャメルソース」であることも少なくありませんでした。生クリームの店もあったとは思いますが、それはコンソメ顆粒などによる「小味の利いた」味付けであり、本場風のそれのように、もったりと煮詰められることも、パルミジャーノなどの硬質チーズでコクと濃度を付与されることもほぼありませんでした。少し後の時代に「ペペロンチーノ」として知られることになる「ガーリックオイル」のメニューもやはり、昆布茶、醤油、オイスターソース、といったうま味系の隠し味が用いられた(小味の利いた)ものでした。

このことは、その後90年代以降に来る「本場風イタリアンの時代」にも、ある種の呪縛を残しました。スパゲッティを「パスタ」と呼び、「前菜」「オードブル」ではなく「アンティパスト」、「デザート」ではなく「ドルチェ」という言葉が採用され、「いらっしゃいませ」「お願いします」の代わりに「ボンジョルノ!」「ペルファボーレ!」といったイタリア語が陽気に飛び交い……つまり、何が何でも従来のスパゲッティ&ピザパイの昭和文化と明確に差別化せんと躍起になっていたそういう店でも、実際に提供されるスパゲッティ/パスタの半分くらいは、「ハザマのスパゲッティ」を引き継がざるを得なかったのです。

だいたいの店には相変わらず明太子スパゲッティが置かれ、ペペロンチーノにはうま味系の調味料が使われ続けました。ベシャメルソースのクリームソースこそほぼ消滅したものの、カルボナーラはあくまで生クリームがベースで、そこに卵黄やベーコンが加えられた「ハザマスタイル」のままでした。そしてそれは、実は令和の現代においても大きく変わってはいません。現在主流のスタイルのイタリア料理店にも、そういったハザマの文化はしぶとく残っています。

ホモサピエンスのＤＮＡを解析すると、そこにはかつて交配したネアンデルタール人のＤＮＡの痕跡がはっきり残っているそうです。それとよく似ているかもしれません……って、かえってわかりにくいたとえでスミマセン。

そんな呪縛のひとつに、「右手でフォーク、左手でスプーンの『二刀流』があります。最近では「イタリアではパスタはフォーク１本で食べるのが正式であって、スプーンを併用するのは子供だけ」という蘊蓄(うんちく)は、すっかり巷間(こうかん)でも広まっています。ですがやっぱり「二刀流」は、ほとんどの店でまだ健在。おそらくこれからもそれが覆ることはそうそうないでしょう。

この二刀流も、おそらくハザマの時代に定着した文化だと思います。ナポリタンの時代は、もちろんフォーク１本、しかも「３本歯」でした。それに対する差別化、あえて下卑た言葉を使えば「マウンティング」が、二刀流（そして４本歯のフォーク）でした。そして日本人はそれが本式だとすっかり思い込んでしまったというわけです。

その誤解がほぼ解けた現代でも、結局それは生き残りました。生き残った最大の理由は、パスタソースそのものにあると思います。日本のパスタのソースは、材料の構成自体はイタリアそのままである場合でも、サラサラ汁だくに仕立てられることが多いそうです。現地のように硬質チーズや煮詰めたクリームで繋いだ、つまりフォーク1本で食べても最後にソースが残らないどっしりとしたテクスチャーのパスタは、日本人には少々重すぎるのでしょう。

こういう文化の混淆(こんこう)が、現代日本の「本場風のようで微妙に本場そのものではなく、でもそれなりには本場を踏襲」という、独特なイタリアン文化を作り上げたと言えるのではないでしょうか。

イタリア料理をコースで愉しむ時代

パスタを中心に、日本における「本場風」イタリア料理の黎明期を追っていきました。ここからはもう少し幅を広げ、その提供スタイルについて見ていきます。

正式なイタリア料理では、アンティパスト（前菜）→プリモピアット（パスタ等）→セコンドピアット（肉等のメイン）→ドルチェ（デザート）の順で料理が提供される、ということは、今ではほとんどの日本人にとって周知の事実だと思います。僕がそのことを初めて知ったのは30年以上前の高校生の時でした。ただし実際のレストランではなく、本で得た知識です。「イタリアのレストランでスパゲッティしか頼まないと、怪訝な顔をされたり、時に恥をかくことにもなる」と、そこにははっきりと書かれていました。

それまでスパゲッティとはラーメンや丼物と同様それ自体が独立した食事で、何か付いてくるとしてもせいぜいちょっとしたサラダかスープ、と信じて疑ったこともありませんでしたから、この新しい知識は衝撃的でした。

スパゲッティ以外にも前後にいろいろな料理が出てくる、ということ自体は、なんとなくですが腑に落ちました。洋食でも和食でも高級なそれは、様々な料理が順番に出てくることはよく知っていたからです。しかし問題は順番です。スパゲッティが最後ではなく前半で出てきてその後に肉料理、というのは、正直全くピンと来ませんでした。

その本には「イタリアではスパゲッティはスープと同じ位置付けだからこの順番なのだ」ということが書いてありましたが、ますます何を言っているんだかわからず、自分の中では「これは自分たちとは関係無い、外国における奇習の類である」という中途半端な理解のまま、その時は終わりました。

今となっては当たり前のようにそんな流儀も受け入れていますが、内心「やっぱりパスタはメインの後の方がいいなあ」と思うことも少なくありません。実際、日本のイタリアンレストランでも、あえてその順番をひっくり返して提供する店は時々あります。それは日本人への忖度と言うよりは、むしろシェフ自身がそれを好ましいと考えて、あえてそうしている印象も受けます。ワインと共に前菜や肉料理をゆっくり楽しみ、パスタは「締め」みたいな、お蕎麦屋さん的感覚ですかね。

ともあれスパゲッティをラーメン同様の「一皿モノ」としてではなく、複数皿からなる料理の流れの中で楽しむ、という体験をしたのは、僕の場合は90年代になってから。当時大学生でした。その店は忘れもしない〔カプリチョーザ〕です。カプリチョーザは現在、全国の商業施設のレストラン街に出店している、極めてカジュアルなお店ですが、当時は今よりずっと「尖った」イタリアンレストランでした。一番のとんがりポイントは、メニューに1人前のパスタが存在しなかったことです。パスタは全て、当時の感覚的に2・5人前くらいのボリュームでした。つまりあくまでシェアが前提だったということ。そんな店、他にはありませんでした。もっともそれは今でもやっぱりありませんが、そもそもは、アメリカのイタリアンレストランのスタイルを取り入れたものだったようです。

当時住んでいた京都のある町に初めてカプリチョーザができた時、僕の周りで最初にそこに行ったのは、アルバイト先の喫茶店のチーフでした。チーフはキッチリと剃り込みを入れて眉を尖らせた、自称「伝説のヤンキー」。もちろん既に更生済みだった彼は、金髪の彼女と共に自転車の二人乗りで店に乗り込んだ、もとい訪問したのです。シェアが前提のレストランであることなんて知るよしもない二人は、メニューの注意書きを読み込むなんてまどろっこしい手続きは当然のようにスルーして、それぞれが別のスパゲッティをひとつずつ注文しました。やがて目の前に出てくる洗面器サイズのスパゲッティ×2。

「舐められたら負けやし、死ぬ気で全部食うたったわ」

何もスパゲッティにまで勝ち負けの概念を持ち込まなくても良さそうなものですが、何しろ彼らの迂闊（うかつ）な失敗のおかげで、僕は事前に重要な情報を得ることができたというわけです。つまりそこは、それまで知っていた「スパゲッティ屋さん」とは根本的に違うナニカであるようだぞ、と。

数日後、僕も彼女と（自転車2台で）その店を訪れました。「スパゲッティは二人でひとつ」を心に刻み込んでいた我々は、慎重にそのひとつを選びました。しかし、なんとなくそれだけでは釈然としません。そんな心許なさを見透かすように、メニューにはスパゲッティよりむしろ目立つ位置に「アンティパスト」がずらりと並んでいました。「そういうことか！」と、僕は察しました。つまり、かつて本を読んで知ったイタリア本場の流儀がついに役に立ったということです。冷前菜からイカのサラダを、温前菜からライスコロッケも選び、「ニンニクとトマトのスパゲッティ」と共にオーダーしました。

メニューには本当はセコンドピアット、つまり肉料理も少しばかり用意されていましたが、それらは一際値段も高く、その時点で既に想定予算は大きく超えていたこともあり、そこは見て見ぬふりをせざるをえませんでした。

ともあれそれは、結果的に素晴らしい体験となりました。肉料理の件はともかく、イタリア料理とはこのように楽しむものなんだな、という感覚を摑むきっかけとなったことは間違いありません。その後もその店には定期的に通い、その度にいろいろな前菜とパスタを選んで、その流れを楽しみました。ごく稀にですが、そこに肉料理が加えられることもありました。気分はすっかりイタリア人でした。

一部のガストロノミー的な世界では80年代既に「イタリア料理のフルコース」が定着していたことは前述の通りですが、90年代以降多くの市井の人々も、様々な導入ルートでその感覚を摑んでいったのではないでしょうか。実際に、決して「スパゲッティ屋さん」ではない、一通りの料理を注文してシェアするタイプのカジュアルなイタリアンレストランは、その後雨後の筍(たけのこ)の如く街中に増えていきました。

そのオーダースタイルはある意味、既に日本人がすっかり慣れ親しんでいた「チェーン居酒屋」にも通じる気軽さもあったと思います。あたかもお刺身の代わりのように頼まれる「鮮魚のカルパッチョ」は日本発祥のイタリアン文化だそうですが、当時から今に至るまで、定番中の定番です。お刺身枠としては生ハムも忘れてはいけません。原木とスライサーを店内に設置して、切り立てのそれを、時には食べ放題として提供するサービスも一時期大流行しました。

大根サラダの代わりにシーザーサラダが、冷奴の高級版のようにカプレーゼが、もつ煮込みのようにトリッパが気軽に頼まれ、そしてお目当てのパスタ。肉や魚介のメインディッシュは少々値段も張って躊躇してしまいがちでもありましたが、大勢でシェアするならそれもアリ。またそれらの代わりに「ピッツァ」という選択肢もあり、そうやって日本におけるイタリアンレストランの定型や利用パターンは着々と整っていったのです。

そういう店も、ランチタイムは「パスタランチ」であるケースがほとんどです。つまりパスタを一皿料理として主役に据え、そこにちょっとしたサラダと飲み物が付く、という昭和の「ハザマのスパゲッティ時代」から連綿と続くスタイル。ただしそこにはドルチェを追加することもできますし、メニューを捲ると、前菜盛り合わせやメインディッシュが付いた「ランチコース」もあります。

そうやってイタリア料理は、細部が巧みにローカライズされつつ、日本人のライフスタイルにスルスルッと自然に入り込み、そして今に至ります。

「パスタ一皿だけの客」

全体として見れば90年代以降、日本人のライフスタイルにスルスルッと入り込んでいったイタリア料理ですが、細かく見ていくと、そこにはちょっとした軋轢（あつれき）も少なくなかったように思います。

巷では既に繁華街のみならず郊外にもイタリアンレストランが一通り立ち並ぶようになった、2000年前後のエピソードを少しご紹介します。場所はとある中規模な地方都市。なので当時の東京とは少し状況が異なっていたかもしれませんが、これが日本の大部分である地方都市のリアルな姿だったのではないかと、今となっては思います。

当時僕はその街で、友人と小さな居酒屋を営んでいました。居酒屋ですから和食が中心の店ではありましたが、自由の利く小規模店だったのをいいことに、自分たちの興味の赴くままにエスニックや欧風料理にも本気で手を広げました。焼酎も並べるけどワインセラーも置くというカオスなその店は、自分で言うのもなんですがなかなか面白い店で、深夜まで営業していたこともあって、日付が変わるあたりの時間帯は若い同業者の溜まり場のようになっていました。

バーテンダーや板前、洋食屋のマスターや居酒屋の若い子たちが毎夜ずらりと並ぶカウンターには、その頃急激に増えていたイタリアンのシェフやスタッフも少なくありませんでした。そういう場ですから、そこでの会話は、業界の情報交換と共に「お客さんの愚痴」も重要な話題でした。他所(よそ)では絶対に言えないような愚痴も、そこでは毎夜のように飛び交っていたのです。

その中でイタリアンの人々の愚痴は、ある種の定番ネタばかりでした。つまりそれは要約すると、

「客は味のわからんやつばかりで、注文の仕方すら知らない」

というものです。そしてその言外には、

「ここは田舎だから自分たちのような店は理解されにくい。都会だったら正当に扱われるはずなのに」

という、少々都合の良い見立てが加わっている印象もありました。

そんなふうに語られるイタリアンならではの愚痴の定番が、主に若いカップルに対する

それでした。

「ウチの店をスパゲッティ屋かなんかだと勘違いして来るんだよ」

と、彼らは苦々しげに言うのです。

「二人でひとつずつパスタを注文して、それ以外はせいぜいシーザーサラダをシェアするくらい。ワインなんてとんでもない。その後デザートを注文してくれるのは良い方で、一緒にコーヒーを薦めたら『付いてくるんですか？』って」

提供する料理そのものに関する愚痴もありました。

「ちゃんとしたパスタを出そうと思っても、クリームをしっかり煮詰めたらクドいって言われ、本場風のカルボナーラはこれはカルボナーラじゃないって言われ、メニューに無いペペロンチーノ作れって言われるから作ったら味がしないって言われ、とにかくホンモノは通用しないんだよ、この辺りの田舎じゃ」

僕はいつもなんとなく相槌を打ちながらその愚痴を聞きました。それは自分の仕事の一部であり、彼らにとってそんなことをあけすけに吐き出せる場は他にそうそう無いことも知っていたからです。そして彼らの鬱屈自体はよく理解できました。

しかし、そんな弱音をじれったく思っていたのも確かです。「甘いんだよ」とでも言いたくなる気持ちもありました。「それがあんたの選んだ道だろう？」と。でも決して口には出しませんでした。なぜなら、彼ら自身もそれが「甘え」であるということ自体は重々わかっていそうだったからです。

その代わり、ちょっと無責任な提案を行ってみたりもしました。

「ちゃんとイタリアンらしいオーダーをしてほしいんだったらさ、夜のメニューは思い切ってプリフィックスコースだけにしたら良くない？」

彼らはその場では、それも良いかもねえ、なんて言いますが、実行に移されることはありませんでした。なぜならそれをした瞬間、「スパゲッティ屋のつもりで来る若いカップル」は二度と来なくなるからです。愚痴は言いつつも、そんな人々無しに経営が成り立たないことは、彼らも百も承知だったことでしょう。

「ペペロンチーノもカルボナーラも、『現地風』と『日本風』の2種類ずつメニューに置くってのどう？　みんなのカルボナーラ950円、本場風カルボナーラ1300円、みたいな」

これは割と真面目な提案のつもりだったのですが、酒の席での与太話として、笑いと共に深夜の空気に溶けていっただけでした。

余談ですが、その後この「現地風と日本風の2種類ずつをメニューに置く」というアイデアを、自分たちのエスニックカフェで採用したことがあります。全てのメニューというわけではありませんが、トムヤムクン、ヤムウンセン、ガパオ、といった定番メニューに関しては、現地の味そのままを再現したものと辛さやクセを抑えた食べやすいものを両方メニューに載せたのです。この話はこの話でちょっと面白いのですが、本題から逸れすぎるので、またいつか機会があったらお話ししましょう。

早いものでそれから20年以上の年月が経ちましたが、この状況は実のところ今もそんなに大きく変化していないような気もします。

つい最近もSNSで、イタリアンレストランでパスタしか頼まなかったらお店の人に冷たくされた、みたいな投稿に大量の賛否が集まり「炎上」しました。恐ろしいことにその店は特定され、その気取らないカジュアルな店内写真は「こんな喫茶店に毛の生えたような店のくせに偉そうだ」という、血も涙もない「個人の意見」と共に拡散されました。

また別のあるお店では、メニューが「冷前菜」「温前菜」「パスタ」「メイン」の4ページに分かれているのですが、最初のページの一番目立つ位置に「2名様でしたら各ページから1品ずつお選びください」というような内容が明記されています。そして更に、同じ文言がパスタのページにもう一度、黒く太い枠線で囲まれて念を押すように登場します。

正直ちょっと警戒心過剰なようにも見えなくもありませんが、その店はこぢんまりとした家庭的な雰囲気の店であることもあって、そこまでしないと「スパゲッティ屋さん」と誤解される恐れが今もあるということなのかもしれません。

もちろんこれらの事例は、単に、イタリアンレストランでの注文の仕方を親切に教えてくれている、と解釈することも可能です。

とみに最近は、先輩が後輩を「大人の店」に連れ回すようなことや、男子が女子をデートに誘うために「デートマニュアル」を読み込んで必死に予習する、みたいな風潮が失われており、お店での適切な振る舞い方が伝承されにくくなっている面もあるのかもしれません。

料理そのものに関しては、ある種の定型化がますます進んでいるようにも見えます。鮮魚のカルパッチョ、シーザーサラダ、生ハム、日本式カルボナーラ、ピッツァマルゲリータ、ティラミス、みたいな世界です。イタリア料理が日本人みんなのものになった結果、好まれやすい料理とそうでない料理は明確になり、その当然の帰結としてメニューや味は画一化していきます。

都会ならまだ、個性的で「尖った」店が一部で成立しますが、それはあくまで一部ですし、地方に行くに従って、そして地域密着型の店は特に、そういう画一化、言い換えれば「最適化」への圧からは逃れにくくなります。

イタリア料理を取り巻く一般の環境は、90年代において既に成熟し、その時点から現在に至るまで実はあまり変わっていないのかもしれません。

ナポリピッツァと地方料理がやってきた

1980年代以降、徐々に、しかし着実に浸透していった日本のイタリア料理は、従来のスパゲッティ文化からのしがらみもありつつ、一部ではそれをも上手に取り込んで、2000年頃までにはすっかりそのスタイルを確立しました。

それはある種の定型化と言ってもよいでしょう。もっともこれは、あながちイタリア料理に限ったことではありません。それがタイ料理であれ、インド料理であれ、フランス料理であれ、外国の料理が普及し定着するためには、スタイルの定型化は良くも悪くも必須です。

「イタリア料理とは地方料理の集合体である」ということがよく言われます。それを基点とした時に、日本の定型的なスタイルがどの程度ズレており、またどの程度偏っているのか。現地の各地方を実際に知っているわけではない僕にはわかりませんが、イタリア料理

において は「どれだけ現地のそれに忠実であるか」という点は、常に大問題として語られ続けてきたことは確かです。

その話題は往々にして、俗に言う「マウンティング」の形をとって表れます。

「本場のカルボナーラはベーコンも生クリームも使わないんだよ」

「バジルのペストをジェノベーゼと呼ぶのは日本人だけ」

「イタリアでスプーンなんか使ったら笑われるよ」

そんな蘊蓄は、首尾よく周りからの尊敬を勝ち得ることもありますが、内心「ウザい……」と敬遠されることもまた少なくありません。

しかし個人的には、そういった「原理主義」すなわち、異文化の料理は現地そのままのスタイルを忠実にトレースすべきである、という考え方自体には一定以上の意味があると思います。そう考える僕自身も、どこかでやっぱり「ウザい」と煙たがられているのかもしれませんが……。

2000年代後半、そんな(面倒臭い)原理主義者もケチのつけようのない一大ムーブメントが起こります。それがナポリピッツァブームです。

この時期、ナポリピッツァ専門店には一気に世間の注目が集まり、また新店も続々登場しました。これは単に、成熟しきっていたかに思われたイタリア料理界における目新しいコンテンツというだけでなく、日本の外国料理史においてもエポックメイキングな出来事だったのではないかと思います。

というのもナポリピッツァは、最初から「現地そのまま」が極めて強く志向され、なおかつそれを保ったまま流行したからです。従来外国料理は、最初から日本人向けにローカライズされてから広まる、あるいは先駆者は現地そのままの尖った店だったのが、ブームが一般に広がるにつれローカライズされていく、という形がほとんどでした。ナポリピッツァはそのどちらのパターンにも当てはまりません。

このことにおいて「真のナポリピッツァ協会」という非営利団体の果たした役割は大きいと思います。これは１９８４年にナポリで創立され、その日本支部が２００６年に設立されました。真のナポリピッツァ協会はその名の通り、本物のナポリピッツァを広く普及させることを目的のひとつとしており、現在国内で88店舗の認定店があります（２０２３年11月時点）。

僕自身がそんなナポリピッツァに出会ったのは、２０１０年を過ぎてからでした。たまたま当時手掛けていた店の近くに専門店があり、初めて食べた時は、「世の中にこんなにおいしいピザ、もといピッツァがあったのか！」

と感激しました。焦げんばかりの猛烈な勢いで焼かれた生地は、塩気もしっかり効いてそれだけでおいしく、そこに載るソースや具材は極めてシンプル。後を引くし、飽きない味わいでした。すっかり夢中になって、そこに赴任している間、週3回くらいのペースで通ったのを覚えています。

ナポリピッツァが「本物」の形を保ったまま普及したのは、もちろん協会や認定店の尽力によるものでしょうが、それを可能にした土台のようなものもあったと思います。すなわち、

・日本人は既にかなりイタリア料理に馴染んでいた。
・イタリア料理に関しては本場そのままが良いという価値観自体は（やや実態はあやふやなものの）常に共有されていた。
・ナポリピッツァそのものが、ローカライズ無しでも日本人の嗜好に合う食べ物だった。

といったことがその要素です。

ナポリピッツァを提供する店には、ピッツァそのもの以外にも特徴があります。そこに関しても「原理主義」を貫く店が多いのです。

店の造りからサイドディッシュの品揃えまで徹底して現地そのままを持ち込んだかのようなピッツェリアもありますし、ピッツァ以外の料理も一通り揃えトラットリアを兼ねた店では、パスタやメインもあくまで「ナポリそのまま」にこだわることも少なくありません。

そうなるとそのメニュー内容は自ずと、従来の定型化した「日本のイタリアン」からは離れていきます。普通に考えればそれはあまり商売向きではないはずですが、ピッツァという強力無比なコンテンツがあるからこそ成立するのでしょう。

定型化から離れ、本場色を強く打ち出す店は、ナポリ料理以外にもあります。そういった店は「シチリア料理」「トスカーナ料理」「エミリア・ロマーニャ料理」といった看板を掲げていることも多いようです。もっとも、そういう看板を掲げつつ、実際のコンテンツは定型化メニューとさほど変わらない店もあります。最初から「羊頭狗肉」的な確信犯であるケースもあるのかもしれませんが、こと地方都市では、オープン時は個性的なメニューだったもののそれでは商売が成り立ちにくいのか、いつの間にか定型メニューにスライドしていたというちょっと切ない事例も目にします。

とは言え、本当にそういう本場色、郷土料理色を強く打ち出している店も、東京を始めとする大都会には一定数存在します。正直、僕もそんな店を常に探し求めている中のひとりです。

そういう店は熱心な食マニアからの評価が高くなるため、レビューサイトにおける点数は、実際の繁盛具合以上に跳ね上がりがちです。そしてその中に紛れ込む低評価レビューを読んでみると、「普通のイタリアンのつもりで行くとがっかりするかもしれないのでご注意ください」なんてことが書かれていたりします。

親切ごかしているけど、それは単にあなたの理解の範疇を超えていただけでは?と思ったりもしますが、よく考えたらその忠告自体は意味のあることなのかもしれません。定型的なイタリアンで特に不満のない人が、わざわざそういう店を目指す必要は無いからです。

これは決して嫌味でもなければ「マウンティング」でもありません。なぜなら全国津々浦々にまで浸透した定型イタリアンは、素晴らしく完成されたコンテンツだからです。さっきから定型定型と言っていますが、ひとつひとつのお店は、(決してやりすぎない範囲で)それぞれの個性を打ち出してもいます。もちろんクオリティ自体も申し分ないものです。イタリアンほど競争が激しいジャンルもそう無く、劣った店が生き残れるような余地は全くありません。

イタリア料理が日本で最も成功した外国料理であることは確かだと思います。そしてそれが故に、その普及過程におけるトピックのひとつひとつは、その他の外国料理とも共通するものばかりである、ということを僕はこの章を書いていて改めて痛感しました。

ある時、

「かつてイタリアンが普及して定着したように、次は『南インド料理』がそうならねばならない」

と、僕に熱くハッパをかけてくれた人がいました。ありがたく、また光栄な話だと思いますが、僕自身はそれは「無理」であるとも考えています。

確かに「従来のカレーとの関係性」「本場こそを良しとする価値観」「ナポリピッツァに匹敵する（？）ドーサというコンテンツ」などなど、そこには一見パラレルな要素も少なくないように見えます。それでもやっぱり「無理」なのです。

南インド料理だけではありません。その他各国の料理もやっぱり無理だと思います。この文章を通してお読みいただいた皆様にも、イタリア料理のそんな「絶対王者」ぶりはなんとなく伝わったのではないかと思いますが、いかがでしょう？

chapter

7

SPANISH CUISINE

スペイン料理

ポスト・イタリアンとしてのスペイン料理

イタリア料理は、日本の欧米料理シーンにおける絶対王者。そして成功者がいれば、それを追わんとする者も現れる、それが世の常です。「イタリア料理に続け」とばかりに、その座を狙う後続が次々出てくる。もちろん、イタリア料理に追いつくということはなかなか難しいわけですが、その牙城の一角を切り崩したという意味では、スペイン料理は最も成功したジャンルなのかもしれません。

スペインとイタリアは、同じラテン民族で地理的にも地中海に面したご近所さん同士ということもあり、料理にも何かと共通点があります。そしてスペイン料理普及の過程において、その共通点の中でも特に重要なもののひとつが「オリーブオイルとニンニク」だったのではないでしょうか。

オリーブオイルは、イタリアンブーム以前の日本人にとっては、ほとんど馴染みのない食材でした。ニンニクだって今よりずっと非日常的な素材で、それは「スタミナをつけるための男の食べ物」といったような、ある種のマチズモ的イメージと結びついてもいました。少なくとも「女性が好むオシャレな食べ物」という世界に登場を許されるような代物ではなかったのです。

それを簡単にひっくり返してしまったのがイタリア料理です。イタリア料理によって免罪符を与えられたアーリオ・オーリオすなわち「ニンニクあぶら」に、日本中が夢中になりました。そんなインフラが既に整備されていたからこそ、スペイン料理はすんなり受け入れられたのではないかと思います。それを象徴するかのようなモンスタークラスのヒットメニューが「アヒージョ」です。アヒージョはその後、スペイン料理の枠を超え、居酒屋を始めとする様々な業態に移植され、ついには家庭料理への仲間入りも果たしました。

ここで一度、時計の針を巻き戻してみましょう。1970年代のレストランガイドが何冊か、今、手元にあります。スペイン料理店のメニューも（フランス、イタリアほどではないですが）そこそこ載っています。しかしそれらのどこを見ても、「アヒージョ」なんて出てきません。その他のメニューも、今我々がイメージするスペイン料理店のメニューとは随分異なっています。「ニンニクあぶら」的なものを用いたものは、どこにも見当たりません。その代わりなぜか、「ピザパイ」や「スパゲッティ」のコーナーがあり、メインディッシュのコーナーにはハンバーグ、ステーキ、ビーフシチューなどの「洋食」でお馴染みの料理が並びます。スペインならではと思える料理はガスパチョとパエリア、スパニッシュオムレツくらいでしょうか。

つまり、こういうことです。イタリア料理によるインフラ整備無かりせば、今のようなスペイン料理は日本で存在すら許されなかったかもしれない。そしてスペイン料理には、イタリア料理が開拓したフロンティアとの共通性が多分にあったからこそ、ポスト・イタリア料理としても歓迎された。

イタリア料理との共通性と言えば、生ハムも忘れてはいけません。生ハムもまたイタリアンブームをきっかけに市民権を得た大人気食材ですが、スペイン料理においてもそれはやっぱり欠かせません。スペインの生ハムはハモンセラーノと呼ばれ、イタリアのプロシュートよりも水分が少ない分、硬くてしょっぱめです。そのため日本人には少し食べづらいこともありますが、その凝縮感ゆえに「こっちの方が好き」というツウな方も少なくないことでしょう。こういう「馴染んだ味の延長線上にありつつもちょっとだけ通好み」なニューカマーは、とかく世間で高評価を得やすい。ハモンセラーノはそこにうまくすっぽりと収まったとも言えます。

魚介類が多用されるのもイタリア料理とスペイン料理で共通する特徴です。この点は、あくまで肉が主役であるフランス料理やドイツ料理に対する大きなアドバンテージと言えます。フランス料理もまた90年代以降、イタリア料理から絶対王者の座を「奪還」せんともがいてきた歴史がありますが、スペインがかつての覇王フランス料理と互角以上に戦えた背景には、日本人が魚介好きということもあるのではないでしょうか。

フランス料理に対するアドバンテージという意味では「炭水化物問題」も重要です。フランス料理はあくまで肉がメインで、炭水化物であるパンやじゃがいもは、添え物に過ぎません。これは多くの日本人にとっては結構つらい事実です。かつて日本人はフランス料理（や、イギリス料理）を、ご飯によく合うオカズとして魔改造した「洋食」によって、この問題を解決しました。しかし世の中の本場志向への流れの中で洋食が衰退していくと、そこで俄然優位性を持ったのが、パスタという極めて優れた炭水化物コンテンツを擁するイタリア料理でした。

そしてスペイン料理にも、パスタに負けずとも劣らない炭水化物コンテンツがあります。そう、パエリアです。パエリアは日本人の魂とも言える米を使った料理ですから、ある意味パスタ以上の力もありそうです。そして（あくまでストリクトな）イタリア料理の世界ではパスタがコースの前半でメインより前に提供されるという、日本人にとっては若干据わりの悪い存在であるのに対して、パエリアはそれそのものがメインディッシュ。堂々と最後に炭水化物のご馳走で締められるスペイン料理は、少なくともその点においてはむしろイタリア料理を凌駕しているとも言えます。

ただしパスタに劣る点をあえて挙げるなら、それは「選ぶ楽しさ」が薄いことでしょう。パスタは、それこそイタリア料理の章で触れた「ハザマのスパゲッティ」の時代から、様々なメニューの中から選ぶ楽しさがありました。

しかしパエリアの場合、普通に思い浮かぶ絵面は1パターンのみです。浅い鉄鍋の中で黄色く染まった米の上に、海老やイカなどの海鮮が半ば埋もれつつ見え隠れしています。その中でひときわ目立つのはムール貝。その黒紫色の貝殻の色合いを引き立てるかのごとく、パプリカなどの野菜が彩りよく散らされています。注意深い人は、その所々にベーコンや鶏肉などの肉類がひっそりと混在していることにも気付くでしょう。それこそが誰もがまず思い浮かべるパエリアの姿です。スペイン料理店でも、パエリアと言えばこれ、及びそこにイカ墨が加わったものなどのちょっとしたバリエーションといったところです。

しかしここで、私は皆さんに驚愕の事実をお伝えせねばなりません。このようなパエリアは、どうも決してスペインの伝統料理的なものではないようなのです。あのいかにも豪華でカラフルなパエリアを「観光パエリア」と呼ぶ人さえいます。

本来のパエリアは、もっとずっと地味なものです。具は極めてシンプル、しかも海産物よりも肉類が使われるケースが多いようで、パエリア発祥の地と言われるバレンシア地方のそれは、うさぎ肉が基本です。貝が入る場合も、ムール貝ではなくカタツムリ。もちろんパエリアはバレンシア地方だけのものではなく、その後各地に様々なバリエーションが生まれました。我々がイメージするカラフルなパエリアだって、その中のひとつでもあるのでしょう。そんな様々なパエリアが日本に伝わっていれば、やはりそこにはパスタ同様の選ぶ楽しさが生まれ、日本におけるパエリアの立ち位置はまた違ったものになっていたかもしれません。

パエリア考察はこれくらいにして、ここからは改めて日本におけるスペイン料理の浸透について俯瞰していきたいと思います。先に結論にだけ少し触れておくと、それを可能にしたのは「バル」という新しい概念です。その概念は、スペイン料理という枠組みを超えて、日本の外食地図を大袈裟でなく塗り替えました。そんな狂騒の時代を見ていきましょう。

ニッポン・バル狂騒時代

2000年代以降、既に確固たる地位を築いていたイタリア料理に続けとばかりに、いくつかの外国料理が、その覇権争いに参戦してきました。この時代、紙媒体の「グルメ雑誌」は、今よりもいささか大きな影響力を持っていたと思います。それらは常に、新しいムーブメントを探し当てて喧伝する、重要な使命を負っていました。「フレンチの逆襲」「次に来るのは南米料理だ」などといった心躍る字句が並ぶ中、「今注目のスペインバル」というような記事は、ひときわ輝きを放っていました。

ここまで、日本におけるスペイン料理ブームの到来について、（脱線もしつつ）その要因に触れてきました。しかしそのブームの真に重要な部分とは、それが必ずしも「スペイン料理ブーム」ではなく、むしろ「バルブーム」とでも言うべきものだったことなのではないか、ということです。

2000年代のスペイン料理ブームの舞台は「バル」と呼ばれる業態でした。バルという、耳新しくもありながら簡潔で親しみやすいカタカナは、アルファベットで表記すれば何のことはない、「BAR」です。あえて直訳すれば「酒場」。スペインの人々は誰もが行きつけの酒場を持ち、仕事帰りにはそこに立ち寄って、ちょっとしたつまみと共にワインを楽しむ、それがBAR＝バル。要するに、昔から日本にある「居酒屋」とよく似た文化です。

前に、1970年代のスペイン料理店のメニューが、今とは全く異なるということに触れました。そこにはもちろん、当時の日本人に忖度した種々のアレンジという面もあったのでしょうが、決してそれだけではないとも思います。当時はあくまでレストラン料理だったのです。言い換えるなら、その国の料理にさほど馴染みのない外国人を無難に接待することも可能な料理。

それに対して現代日本における主流のスペイン料理は、そういうものではなく、スペインの庶民の日常生活が日本に移植されたもの、と言えます。それがバルです。……いや、もう少し正確に言うと、それがバルでした。過去形です。なぜ過去形なのかはこの後徐々におわかりいただけると思います。

繰り返しますが、バルとは居酒屋です。単なる逐語訳にとどまるものではなく、バルはあまりにも居酒屋なのです。バルでは、タパス（小皿料理）と言われるちょっとしたつまみを、人々が各自気軽に注文してつまみます。バルは決して「レストラン」ではありません。前菜・メイン・デザート、みたいなコース料理が暗黙の前提となる「レストラン」は、多くの日本人にとって少々「荷が重い」ものでもありますが、バルにはそれがありません。日本人が慣れ親しんだ居酒屋そのものなのです。

前章で、日本でカジュアルイタリアンが歓迎された理由のひとつとして、（フランス料理などとは違い）居酒屋感覚でのオーダーが可能だったから、と書きました。それでもそこには一応、レストラン的なコース料理の構成が暗黙の了解としてうっすら残存していました。しかし、スペインバルにはそれすらありませんでした。少々極端な言い方をすれば、チェーン居酒屋のフォーマットはそのままに、メニューコンテンツだけが「おしゃれな」外国料理に置き換わったものだったのです。

小皿にちんまりと盛られたタパスを、スペイン人がさらに細かく分けて複数人でシェアすることはあまりないのかもしれません。しかし日本人はチェーン居酒屋的流儀で律儀にシェアしました。そうすれば更にいろいろな料理が楽しめます。「ちょっとずついろいろ」が大好きな日本人にとっては、願ってもない形態です。

スペインバルの代表的なコンテンツのひとつに「ピンチョス」があります。小さく切ったパンに複数の具材を載せてピンで刺した「一口おつまみ」です。どうかすると人々はそれすらもシェアしようとしました。さすがにシェアを諦めて、慌てて人数分追加することもありました。種類の異なる「ピンチョス盛り合わせ」の一皿を前に「誰がどれを食べるか」を協議する、ある種微笑ましい光景もありました。それらはスペインでは見られない光景だったのかもしれませんが、人々はそれを楽しんでいました。

あまりに濃すぎてそうそうたくさんは食べられないスペインの生ハムを少しずつつまみ、アヒージョの海老は一人1尾しか割り当てがなくても充分で、その代わりにパンを追加してその「ニンニクあぶら」をたっぷり染み込ませて頬張り、オリーブオイルをこれでもかと吸い込んだ人参サラダをヘルシー枠ということにして必ずオーダーし、トルティージャという名の厚焼き卵に子供の頃お母さんが作ってくれたお弁当をふと思い出し、最初に頼んだオリーブ塩漬けやイカの揚げ物は最後まで1個だけ「遠慮の塊」が取り残され、そんな感じでちまちま食べているうちにいつの間にかお腹もそこそこ膨れ、そのタイミングで30分前に抜かりなく頼んだパエリアが満を持して到着する。

本場スペインのバルのメニューに果たしてパエリアがあるかどうかはこの際関係なく、2個しか載っていないムール貝を譲り合ったりしながら、鍋肌のお焦げまでさらえて全員大満足。なんて幸せなディナーでしょうか。

居酒屋並みの気軽さとイタリアンにも引けを取らないおしゃれさが同居した、この「バル」という業態が流行らないはずがありません。街には次々と新しいバルができました。もちろん流行の土台となったのは、ブーム以前からの店です。スペインのバル文化を日本に根付かせんと奮闘してきた先駆者たちと言えます。スペインの食文化へのリスペクトに溢れるそういう店は、どこも例外なく名店でした。

しかし残念ながら、ブーム以降のバルは玉石混淆でした。バルの料理は基本的にシンプルです。一見、特別な技術もいらなそうなので、「それっぽい」ものを真似するだけならある意味簡単。そうやって安易にオープンする「なんちゃってバル」は、料理がとりたてておいしくもない代わりに、パスタなどのイタリアンメニューや「いぶりがっこクリームチーズ」「アボカドサーモンタルタル」などのオシャレ系居酒屋メニューなんかもちゃっかり取り入れ、それなりに重宝されていました。

スペインのバル文化へのリスペクトが有るのかどうかもよくわからない、そういう店の急増は、日本人にあることを気付かせました。

「あれ？　バルってもしかして別にスペイン料理じゃなくても良くね？」

今度はそんな「拡大解釈バル」が急増しました。イタリアンバル、フレンチバル、鉄板バル、和食バル、チャイニーズバル、寿司バル、肉バル、海鮮バル……。生物史にたとえるならカンブリア大爆発にあたるのがこの時代です。肉バルはさしずめ、カンブリア紀最大最強の捕食生物アノマロカリスといったところでしょうか。

「何でもバルって付けりゃいいってもんでもないのでは？」と思われるかもしれませんが、付けりゃいいってもんだったのです。バルという言葉の意味するものは、もはやスペインの食文化を離れ、単に「ちょっとおしゃれっぽい居酒屋」を意味するということで国民のコンセンサスが得られつつありました。しばらく前の時代までその手の業態に冠せられていた「洋風居酒屋」「レストランバー」といった呼び名が、すっかり古臭いものとして廃れて以降、日本人はずっと、それに代わる言葉を求め続けていたということも言えるかもしれません。

バルはすっかり日本の外食の一形態として欠かせないものとなりました。言葉の定義はともかく、それは単に安易な店ばかりというわけでもなく、高級店のカジュアルラインだったり、マイナーな料理をこぢんまりとカジュアルに提供する場だったり、一定以上の意義を果たしていると思います。

もしかしたらそろそろ、かつてそれがスペイン料理の業態を指していたことすら知らない世代も現れ始めているかもしれません。スペイン料理のバルはわざわざ「スペインバル」と呼ばなければならなくなりました。そんな中、「なんちゃってスペインバル」は、いつしか三葉虫のように絶滅しました。しかしブーム以前からの名店は、概ねどこもしっかり繁盛している印象です。

ブームとその拡散がそういった「ガチの」お店にとって良いことだったのかどうかは、今となってはよくわかりません。しかし、「本物は生き残る」という、ある種の理想にして幻想が、そこではしっかり体現されている。それはただただ喜ばしいことだと思います。

chapter

8

AMERICAN CUISINE

アメリカ料理

パリピと原理主義者の楽園

「アメリカ料理」のイメージはとても漠然としています。ハンバーガー、フライドチキン、ドーナツ、ピザ、などなど、日本人がすっかり慣れ親しんだアメリカの料理は数あれど、なんとなくでも全体を包括するイメージが湧く人がどれほどいるでしょうか。

これはひとつには「イタリア料理」「フランス料理」のように「アメリカ料理」を標榜する総合レストランが極めて少ないためでもありますが、それ以前の話として、根本的にアメリカ料理には明確な実体が無いということなのかもしれません。アメリカ料理の主なルーツはイギリス料理かもしれませんが、それはその後、世界中の様々な文化を貪欲に取り込み続けて発展しました。言うなれば、究極の寄せ集め文化と言えるのではないでしょうか。

現代日本のアメリカ料理レストランにおける主要コンテンツのひとつであるテクス・メクスは、メキシコ料理がテキサスで変化したものです。ハンバーガーはドイツ系移民、ドーナツはオランダ系移民、ピザはイタリア系移民によってそれぞれもたらされた料理のローカライズ。フライドチキンは、それらとは少し文脈が異なりますが、アフリカ系の人々が生み出した文化です。

このように統一的なイメージを持たないアメリカ料理ですが、ひとつだけ、日本人に広く共有されているイメージがあります。それは……………「決しておいしいものではない」というイメージです。味だけではありません。カロリーが高い。身体に悪そう。目にも毒々しい。アメリカ料理はそんなネガティブイメージの宝庫でもあります。

先に言っておくと、決してそんなことはありません。これは少し考えれば当たり前の話です。なぜならばアメリカ料理は多国籍文化の寄せ集め。だから世界中のおいしいものが集まってくるし、随時アップデートされ続けるからです。

そういった「特別おいしいアメリカ料理」が、アメリカ本国において果たしてどれだけ一般的かはまた別の話ですが、少なくとも日本においては、それにアクセスする機会はなかなかありません。なぜかと言えばアメリカンレストラン自体があまり存在せず、なぜ存在しないかと言うと、イメージが良くないからです。堂々巡りです。

しかし、イメージが良くないにもかかわらず、実際のところ昔から日本人は、アメリカ料理を貪欲に取り込んできました。ただしそこには、それがアメリカ料理であるという意識はあまりなかったと思われます。なぜならば、少なくとも昭和の昔において、それは「洋食」と区別されていなかったからです。

洋食とアメリカ料理は、どちらも主要なルーツのひとつがイギリス料理であるという共通点があります。そしてそれだけではなく、洋食はイギリスやフランスだけでなくアメリカのレストラン文化も取り込んで発展してきました。

その浸透が一気に進んだのが、１９７０年代のファミリーレストラン黎明期だったと言えるでしょう。ファミリーレストランは、今でこそ和食・洋食・イタリアン、なんでも取り揃えた幅広いメニューの飲食店というイメージですが、当時のメニューを見てみると、びっくりするほどアメリカンです。ただしそれは同時に「洋食」でもあります。そこに実質的な境目はありません。

お店の造り自体は、従来の洋食店とは少し毛色が異なり、すっかりアメリカ式でした。これはファミリーレストランチェーンというビジネスそのものがアメリカ生まれだったからでしょう。内装ももちろん、アメリカ映画などで度々見かけるむこうのレストランを思い起こさせるようなものでした。人々はそこに憧れを抱いたのです。

アメリカ料理そのものはともかく、「いかにもアメリカ的な雰囲気」は、日本人も昔から大好きです。それが典型的に表れるのがステーキハウス。西部開拓時代をモチーフとしたアーリーアメリカン調の内装、サービススタッフがそれ風の格好であることも。そして、牛の形が周りに彫り込まれた、日本人的感覚では少々悪趣味な意匠の鉄板、通称モーモー皿に載ったステーキが、ジュウジュウ音を立てながら運ばれてきます。

ステーキはおそらくアメリカよりひと回りかふた回り小さく、傍らには皿盛りのライスやコーンスープといった、いかにも日式洋食的な脇役が配されますが、それでも人々は充分にアメリカ気分を満喫するのです。


そういうものではない現代的なアメリカ料理を僕が楽しむようになったのは、2010年代以降です。その少し前あたりから、アメリカで勢いのあるコンテンポラリーなレストランが、少しずつ日本に進出してきていました。ちょうどその時代の、「肉ブーム」「グルメバーガーブーム」「パンケーキブーム」の一翼を担っていたとも言えるでしょう。そこで提供される料理は明らかに「洋食」とは別物でした。

まず、一皿の量が多い。昔から、アメリカの食べ物はなんでもそう、と噂に聞いていた通りでした。前菜からしっかりボリューミーであり、メインは肉も付け合わせもたっぷり。デザートは特に途方もない。もっともこのボリュームは、巷に溢れる「デカ盛り」なんてものに較べれば、全く常識の範囲内でした。その程度のものなら、既にガッツリ系のフレンチビストロなどですっかり慣れっこでもあります。

では味はどうか。これも噂通りマズいのか。いいえ、ちっともそんなことはありませんでした。現代のアメリカ料理はモダンでおいしい。「大味」かどうかと言われれば、確かにそれはあるかもしれません。しかし大味というのは言い換えればストレートな味わい。小細工に頼らない直球の味です。フレンチにだってイタリアンにだって大味と言っていい要素はあります。

味付けが濃く、揚げ物や脂っこいものが多いのは確かです。でもそれはそういうおいしさなのであり、少なくとも僕にとっては、たまにはこういうのもいいよね！と思えるものでした。

そんなわけで僕の生活には「アメリカ料理」が外食の選択肢のひとつとして定着しました。フレンチにする？　イタリアンにする？　それともドイツ料理かアメリカ料理にする？みたいな感じです。アメリカ料理は基本的に「足したら足しっぱなし」の料理ですが、それゆえの複合的なおいしさがあります。例えばサラダひとつとっても、そこには豆やベーコン、チーズ、チップス、ハーブ、スパイスなどがありったけ加わって、にぎやかな味わいや食感、香りが演出されていたり。そういうちょっと過剰なサービス精神が、他の料理には意外と無い魅力です。

個人的に定期的に食べたくなる理由には、味もメニュー内容も全く日本人に忖度しているふしが無かったことがありました。店にもよりますが、本国のそれが忠実に再現されていたのでしょう。これまでも散々見てきたように、日本で外国の味をそのまま出すのは大変です。よほどの料理へのこだわりや文化に対するリスペクト、そしてクレバーな戦略が無いとそれは難しい。

僕はある時、そんなこだわりについてもっと深く知りたくて、お気に入りのひとつであるアメリカンレストランのHPを訪れました。そこはとある大手飲食企業が運営していることもあり、ずいぶん立派なページが作られていました。ところが驚いたことに、そこには料理に対するこだわりなんて何ひとつ書かれていなかったのです！　あるのは店に置いてあるのと同じメニューのPDFだけ。

そのかわり、そこにあった大量の写真、それは全て「人物」でした。グラスを掲げて盛り上がる若者と元若者たち、いかにも陽気そうなホールスタッフ、大仰なアクションでシェーカーを操っている真っ最中のバーテンダー、そこかしこに外国人たちも写り込んでいます。なんて言いますか「登場人物全員パリピ」といった風情です。

そういうことか、と僕は目が醒める思いでした。この店は、少なくとも日本人にとっては、料理そのものを楽しむ目的で集まる店ではなかったようです。あくまで陽気なアメリカ気分を満喫するための店。

そしてそこにはもちろん、多くのアメリカ人たちも集まります。彼らには慣れ親しんだ母国の味が、しかも本国と変わらないクオリティで提供されねばなりません。それが一般的な日本人の口に合うかどうかは二の次でいい。なぜなら普段は味の好みに細かい日本人も、ここに限ってはそれを特に求めないから。つまりアメリカンレストランはそもそも、料理に関しては日本人に忖度する必要が最初から無いのです。

外食が大好きな人たちの世界には、原理主義と呼ばれる一大派閥が存在します。この場合の原理主義者とはすなわち「外国の料理は日本人向けにローカライズすることなく本国そのままの味、スタイルで提供してほしい」と願う人々のこと。おそらく、グルメな原理主義者たちにはアメリカ料理はまだ「発見」されていません。ですが、実はそこは原理主義者にとっての、永遠に終わらない——すなわち未来永劫日本人に忖度する必要に迫られない——楽園でもあるのです。

さあ！　パリピとアメリカ人たちの間に紛れ込んで、その遠慮なくド派手なおいしさを、お腹いっぱい楽しみに行こうではありませんか！

chapter

9

INDIAN CUISINE

インド料理

日本のインド料理店を俯瞰する

この章では日本におけるインド料理の歴史を辿っていきます。通常なら章ごとに過去から現代への順を追って解説するところですが、この章ではあえて、まず最初に黎明期から現代に至る流れを一気に俯瞰するところから始めたいと思います。

なぜそうするかですが、日本におけるインド料理のスタイルは根本的に異なるものがいくつかあるからです。単にインド料理と言ってもどれを指すのか、そしてその全体像をまず摑んでおかないと、ちょっと混乱してしまいそうなので。

というわけでまず概論です。始めていきましょう。

【黎明期】

日本における最初のインド料理店は、1949年創業の〔ナイルレストラン〕と言われています。カレーだけに限って言えば、〔新宿中村屋〕が戦前から喫茶部（レストラン）で提供していた「純印度式カリー」がそれに先行し、そしてその後1956年にはインドカレー専門店としての〔デリー〕が、1957年南インド料理店〔アジャンタ〕が創業、こういったところが黎明期の店と言えます。

驚いたことにこれらの店は全て、現在でも現役どころか、押しも押されもせぬ名店ばかり。ただしこれらの店は、その後から現在に至る爆発的なインド料理の普及の流れとは、明らかに一線を画しています。言わば一軒一軒があまりにも特別なレジェンド店なのです。

それもあってこの時代についてはこの後、特に詳しく触れることはないと思います。ですが各店それぞれ、ちょっと驚くようなロマンある歴史を持っています。機会があればぜひ、各自深掘りしてみてください。

【グローバルなインド料理の到来】

インドではもともと外食産業があまり発展していませんでした。宗教上の理由から、食べてよいものが厳格に決められている多くのインド人にとって、食事はその原則に則り、あくまで家庭で作られるものだったのです。

先に挙げたレジェンド店は、インド人が家庭で食べていた料理を日本人にも提供する、という形で始まった形がほとんどです。

そんなインドで本格的なレストランが現れ始めたのは1950年頃から。それは概ねイギリスのレストランスタイルをインド料理に置き換えたもので、基本的に、欧米人が主なターゲットでした。

欧米人が好みそうな「焼いた肉」すなわちタンドール物や、「パン」すなわちナンやロティが積極的に提供され、カレーは肉をふんだんに使ったリッチで濃厚な味わいのものが中心でした。

それらは従来の伝統的なインド料理とは、最初から少し異なるものでした。いかにもローカルな特徴は抑えられ、外国人でもなるべく抵抗なく食べられる料理体系として新規に誕生したのです。今やインド料理の代表と目されているバターチキンカレーやタンドリーチキンも、そんなレストラン生まれの新しい料理です。

そしてそのことは同時に、国外にその業態を持ち出すことも比較的容易であることを意味しました。食べやすくゴージャスな新インド料理は、その後世界中に進出していきます。その進出先のひとつが日本でした。

1970年あたりから、そういう店がポツポツと日本にもでき始めました。ただしあくまで東京を主とする大都市に限った話です。

【高級店の時代】

そういうグローバルスタイルのインド料理店は、言うなればインドにおける外国人御用達のホテルレストランを、そのまま日本に持ち込んだものでした。すなわち高級店です。

その時代の、東京のあるインドレストランのメニューが手元にあります。丸い銀盆にカレーやナン、サイドディッシュなどが一通り並んだ一人前の「ターリーセット」が、物価換算すると現在の約8000円ほど。当然サービス料も付くでしょうし、そんなお店だからワインの一本も頼まないと格好が付きません。当時のフランス料理ほどではありませんが、2番手集団であるイタリア料理やアメリカ料理あたりとも肩を並べる格式であったことが見て取れます。少なくとも、庶民が日常的に気軽に使うような店ではありません。この店はおそらく、当時の最も高級なクラスの店だと思われますが、他の店も、普通にディナーを楽しもうと思えば安くとも3000〜4000円といったところです。

また、いかに欧米人にとっては比較的食べやすいとは言え、まだそれを普通の日本人が素直に受け入れられるような時代でもなかったはずです。そこに集うのは、外国人の接待であったり、一部のグルメな好事家(こうずか)がほとんどだったのではないでしょうか。そんな時代はバブル崩壊の頃まで続きます。

【低価格化とローカライズの時代】

バブルが崩壊すると、インド料理も低価格化の波とは無縁ではいられませんでした。ただし、それまでの高級店が価格を下げたのかというと、そういうわけでもなさそうです。代わりに、もっとカジュアルな低価格店が徐々に増えていきました。当然ながらそういう店は薄利多売のビジネスです。そのためにはコストを下げ、なおかつ外国人でも好事家でもない普通の人々にも広く好まれなくてはいけません。となれば、やるべきことは明快です。

メニュー内容や全体のシステムは高級店のそれをある程度受け継ぎつつ、様々なコストを削減し、カレーを始めとする料理の味は徹底的に日本人好みにローカライズしていく、それがこういった店の使命でした。

カレーはよりクセの無いものに、そしてその辛さは5段階から自由に選べるようにし、ナンはより甘くそしてフカフカに、多すぎるメニューは日本人好みのものだけを選抜して後は削除し……。

そういったスタイルを最終的に完成させたのは、一説によると名古屋のあるネパール人経営者であったと囁かれています。残念ながら今回それを裏付ける資料は発見できなかったので、あくまで巷間囁かれる噂くらいに思っておいていただきたいのですが、いずれにせよその時代に誰かが、その後日本の津々浦々に進出していくインド料理店の業態モデルを完成させたことは間違いないでしょう。

それは次々にコピーされ、日本中に、良くも悪くも判で押したようなスタイルのインド料理店が増えていきます。人によってはこういうタイプの店を「テンプレ系」と呼びます。もちろん、あまり良い意味では使われない呼称です。

しかしそうであっても大多数の日本人にとっては、気軽で安くて素直においしいと思える日常食の選択肢がひとつ増えた、という喜ばしい出来事という以外の何物でもありませんでした。

【インド・ネパール店大躍進】

こういったインド料理店は、当然のごとく人々に広く受け入れられることになりました。

1980年代までのインド料理店は基本的にインド人によって運営されていましたが、90年代以降はそれがネパール人の手に渡り始めます。それらの店で働くネパール人コックさんは、今度は独立して自分が経営者となり、母国からまた新しいコックさんを呼び寄せる。その連鎖は続き、今や日本のインド料理店のほとんどがネパール人による運営です。インド料理なのにネパール人運営ということで、こういう店は「インド・ネパール店」または略して「インネパ店」と呼ばれることがあります。

インド・ネパール店の躍進は止むことなく、2000年代以降、増加はさらに加速していきます。

そんな中、インド人コックさんたちは徐々に職を追われていきます。元々インドでは料理人の地位が高く、彼らは日本でも高給取りです。低価格化が進むばかりのインド料理界では、どうしても給料の安いネパール人が重宝されます。

【ガチ系の反撃】

しかし彼らも黙ってはいません。

「ならば自分たちは、彼らには絶対に真似できない料理の店をやれば良いではないか！」

２０００年代以降、少しずつ「南インド料理店」が増えていったのにはそんな背景もあります。

そしてそれにすぐに飛びついたのが、新しい時代の好事家、すなわちインド料理マニアと呼ばれる人々です。「テンプレ系」のインド・ネパール店は、彼らにとってはあまりにも退屈でした。そこに救世主のように現れたニュー・ヒーローが南インド料理だったのです。それは日本人はおろか欧米人にも忖度しない、現地そのままの味とスタイル。南インド料理は「静かなブーム」とも呼ばれ、グルメ雑誌で度々特集が組まれるまでに至りました。

２０１０年代以降は、南インドだけではなくベンガル地方などインドの他地域や、スリランカ、パキスタンなどの周辺地域のローカル料理店も徐々に増加していきました。そしてその中にはなんと、ネパール料理もありました。インド料理を徹底的にローカライズした人々が、今度は自前のローカル料理を提供し始めたのです。現地スタイルのネパール料理は今や、やや頭打ちの感もある南インド料理より、むしろ急速に浸透していっています。

【まとめ】

日本におけるインド料理店には、大まかに分けて四つのスタイルがあります。もちろんそれぞれの中間的な店やどれにも当てはまらない店もありますが、だいたいはこのいずれかに当てはまるはずです。

① 黎明期から続くレジェンド店（及び、それを受け継いだ店）
② グローバルなスタイルの高級店
③ ネパール人経営の低価格で庶民的なインド・ネパール店
④ 本場そのままのローカル伝統料理にこだわるガチ系店

ただし、数の上では③があまりにも圧倒的です。日本人ならもはや、利用したことのない人の方が少ないのではないでしょうか。

さて、あなたは他にどのタイプの店に行ったことがありますか？　ここからの各論は、そのお店を思い浮かべて、その歴史的な成り立ちを思い出しながらお楽しみください！

インドカレーとの出会い、失望、そして覚醒

僕は子供の頃からカレーが大好きでした。もっとも、大抵の子供はカレーが好きなものです。僕もその中のひとりだったというだけのことです。

その頃、世の中には大まかに2種類のカレーがあると認識していました。家で食べるカレーと、カレー専門店のカレーです。家で食べるカレーももちろん好きでしたが、やはり後者は特別でした。その中でも特にお気に入りのカレー屋さんがありました。そこのカレーはさほどどろっとしてなくて、なんだか黒っぽく、そしてとにかく辛い。辛いだけでなく、よくわからないけど複雑な味がする。こういうのがおいしいカレーなんだな、と学びました。今思えばそのカレーは、レジェンド店のひとつであるデリーのそれとどこか似ていました。メニューにカツカレーなんかもある店でしたから、デリーよりもう少し普通のカレー屋さん寄りだったのかもしれませんが。

インドカレーを初めて食べたのは、90年代に入ってからだったと思います。この辺りの感覚は、東京で生まれ育った同世代の人々と大きく違うことを時々感じます。

彼らからは「子供の頃に親に連れられてインド料理を食べた話」をたまに聞きます。もちろんそれは、文化的でちょっと特別な家庭だったのかもしれませんが、少なくとも僕が育った鹿児島では考えられないこと。そもそも鹿児島には、当時インド料理店なんて（多分）存在しませんでした。

この本では度々、外国料理店の東京一極集中について触れていますが、インド料理はその最たるものです。そしてその例外が、１９９０年代以降に日本中に進出していったインド・ネパール店ということになります。言わば「外国料理民主主義」の体現者でもあります。

ともあれ、インド・ネパール店大躍進時代の初期に、僕は初めてそういう店でインドカレーを食べました。［専門店のカレー∨家で食べるカレー」という図式が完全に染み付いていた僕にとって、それは「インド人（と、当時は当然のように思い込んでいました）が作るカレーなんてそれをさらに超えるに違いない！」という期待を抱かせるに充分でした。

その時オーダーしたものは、カレーとナンが中心となったセット。カレーはあまり悩むことなく「バターチキンカレー」にしました。それがどういうカレーかは知る由もありません。ただ、バター＋チキン＋カレー、なんて、この世のおいしいもの揃い踏みではないか！という異常な吸引力が、その字面にはありました。バターチキンカレーの人気の理由には、このネーミングが果たした役割も大きいのではないでしょうか。

ところが、サーブされたそれを期待充分で食べ始めた僕は、すぐにガッカリすることになります。おいしくなかったわけではありません。むしろとてもおいしい料理であることはすぐにわかりました。しかし、なんだかつまらないのです。それは僕にとって「普通のカレー」の範疇を出ないものに感じられました。

僕は当時、タイ料理に夢中でした。初めて出会ったタイカレーはとにかく衝撃で、世の中にこういうタイプのおいしさがあるのか、と心底驚き、すぐにハマりました。

僕は無意識のうちに、インドカレーにもその衝撃を期待していたのかもしれません。しかし期待は見事に裏切られました。それどころか、カレーとしては、地元で食べていた（デリーみたいな）専門店のカレーの方がよほどおいしい、という感想も持ちました。

とはいえ、決しておいしくなかったわけでもないので、その後もたまに気が向くとインドカレーを食べに行くことはありました。初回にバターチキンカレーを選んだことがそもその間違いだったことはすぐにわかりました。それは特に自分好みではなかったのです。

ナンがさほど好きではないことにも気付きました。

結局、僕のインド料理店における定番は、マトンカレーの辛口、そしてナンではなくライスで、という所に収まりました。ライスはところどころダマや乾燥したところがあったりはしましたが、ターメリックで黄色く色付けされたそれはいかにも異国情緒があって悪くないものでした。

ただし、世の中では既に「インドカレーにはナン」という図式は固定されつつあり、店内でもほぼ全員がナンを頼む中でライスを申し出るのは少し気が引けました。なんだかシロウトっぽいな、と。ライスの状態があまり良くないのも、店としてはさほどオススメではなく稀にしか出ないものをあえて頼む自己責任、と諦観していました。マトンカレーもやっぱりあんまり特別なカレーではありませんでしたが、確かに（バターチキンより更に）おいしい食べ物でした。

ちょうど同じ頃、僕はまた別の、今度は本当に衝撃的なカレーに出会いました。場所は京都の学生街にある小さな店です。まだ若い女性店主が営んでいました。店主はいわゆるバックパッカーで、その店ではアジア放浪中に出会ったインドやネパールのカレーを中心に提供しているということでした。当時お客さんは日本人よりむしろ欧米人の方が多かったように思います。

初めてそこで食べた看板メニューのチキンカレーは、タイカレーに負けず劣らずの衝撃でした。サーブされた瞬間からもうもうと香り立つスパイスの芳香は、これまで何度か食べたインドカレーには有りそうで無いものでした。

一口食べると、玉ねぎの微かな粒々感と共に、ざらりとしたスパイスの粒子も感じられ、鼻腔めがけてその香りが押し寄せてきます。主役のチキンはほろりと煮込まれ、ライスはぱらりと炊き上げられた玄米でした。

全体として味が濃いわけではない。むしろあっさりしているし、塩気も薄め。なのに不思議と充足感があって、スプーンが止まらなくなりました。

インドカレーに期待して果たせなかったものに、こんなところで出会えるとは思ってもみませんでした。地元のカレー専門店のカレーを超えるそれに、ついに遭遇できたのです。

僕はその店に通うだけでなく、店頭で販売している「チキンカレー用スパイス」を度々買って、同封されている作り方に忠実に従って家でも作ってみました。店と完全に同じというわけでもなかったのですが、それは自分で作ったとは思えないおいしさで、そのことにも大満足でした。

当時アルバイトをしていたパブの賄い当番だった日に、僕はそのスパイスを持ち込んでチキンカレーを振る舞ったことがありました。いつになくうまくできたはずだったのですが、皆の反応はイマイチでした。元バックパッカーの店長（フレディ・マーキュリー似）だけは大いに喜んでくれましたが、もしかするとそれも気を遣って過剰に褒めてくれたのかもしれません。

それでもそのカレーは、その後の長きにわたって、僕にとってのおいしいカレーの基準であり続けました。そして、そのスパイスも、買ってくるのではなくていつか自分で調合したいという野望も芽生えていました。

この店は前に解説したインド料理店の４パターンのいずれにも当てはまりません。ただし、④ガチ系店の早すぎた先駆者とも言えますし、創業のマインドは、時代こそ大きく違えど①レジェンド店に極めて近しいものでもあります。

こういった、現地を体験した日本人がその衝撃を持ち帰って店を開くケースは、全国に点在します。それは決して大きな潮流ではありませんが、インド料理シーン全体に少なからぬ影響を与えることがままあるのです。そしてそれらは２０１０年代以降の④ガチ系店の静かなブームに収斂（しゅうれん）していきつつもその中で、黎明期の①レジェンド店同様、唯一無二の存在であり続けています。

インド・ネパール店に対する複雑な想いと「原理主義」

ここまでをお読みいただいた方には、とっくにバレバレだと思いますが、僕は概論で分類した③インド・ネパール店に対して、あまり良い感情は持っていません。もちろんその功績や存在意義は充分すぎるほど理解しています。ただそれは、ノット・フォー・ミー、自分にとっては必要性の薄いものであるし、正直さほど特別な魅力も感じません。

この章を書くにあたって、僕はその感情をひた隠しにすべきかと随分迷いました。あくまで客観的に、その成り立ち、仕組み、功績、おいしさ、楽しみ方、そういったものをフラットな立場で紹介すべきではないか、と。しかし、最終的にそれは無理だと結論しました。なぜなら成り立ちを解説するにしても、その良さを語るにしても、それはその他のカテゴリー、つまり僕が素直に愛するタイプのそれとの比較、相対化無しには成立しないと気付いたからです。

もちろん心苦しくもあります。なぜなら、インド・ネパール店を愛する人々はたくさんいるからです。たくさんどころか、日本においては完全に主流です。地方では特にインド・ネパール店しか選択肢のない地域がほとんどですし、他に選択肢がある都会でも、そちらを選ぶ人の方が大多数なわけです。自分が好んでいるものを貶められて気分のいい人なんていません。

もちろん僕とて、貶める意図はさらさらありません。しかし良くも悪くも僕はそれ以外のカテゴリーが好きすぎるのです。先ほども、「デリーのようなカレー専門店」や「元バックパッカーによるガチ系店」を賞賛するために、インド・ネパール店を当て馬のように扱ってしまいました。

誤解していただきたくはないのですが、決して嫌いなわけではないのです。もし僕がインド・ネパール店しか無いエリアに住んでいて、それ以外のインド料理を知らなければ、何の不満も疑問も抱かず、むしろ足繁く通うと思います。先ほどはタイ料理との比較においてもまたインド・ネパール店を貶めたかのような形になってしまいましたが、それもまた、あくまでタイ料理知り初めし熱狂時代であった当時の感覚です。タイ料理にもすっかり日常的に慣れ親しんだ今となっては、少なくとも僕にとって両者はほぼ等価値。もし近所にインド・ネパール店とタイ料理店が一軒ずつあったら、おそらく交互に通うことになるでしょう。

③インド・ネパール店「以外」への偏愛を隠さないことに決めたのには、もうひとつ理由があります。僕の嗜好や価値観は、典型的な（絵に描いたような！）「インド料理マニア」のそれだからです。インド料理について語る時、そんなマニアからの視点は絶対に外せません。

これまで何度も触れたように、外国料理店の普及や発展においては、マニア層と一般層の温度差がひとつのキー・ポイントとなります。そして温度差という点において、インド料理の世界では、その乖離が極端に大きい。そしてそれはまた、マニア層の熱量という言葉でも言い換えられます。

もちろん、イタリアンでもフレンチでも何でも、熱量の高いマニアは一定数存在します。しかしそれはどこかで「グルメ」「美食家」という概念と分離しきれません。ところがインド料理マニアのそれは、何というか、もっと純粋です。それは「原理主義」という言葉で言い表すことができます。この場合の原理主義は「外国の料理は現地そのままの再現でなくてはならない」という強固な思想です。あえて極端な言い方をするならば、「うまいかマズいかは問題ではない。とにかく現地そのままであってほしい」と願うのが彼らの基本的な考えです。

そう聞くと、馬鹿馬鹿しい、としか思わない人は多いのではないかと思います。マズくてもいいなんてもはや本末転倒ではないか、と。それはその通りかもしれません。だから「原理主義者」はしばしば揶揄され、そして「面倒臭いやつ」と疎まれることもあります。

しかし、もう一歩踏み込むと、そこには確たる理由があります。それは言うなれば「成功体験」です。これについて少し詳しく見ていきましょう。

うまい／マズい　は、当然のことながら主観です。

「当たり前だろう。食べ物なんて、食ってうまいと感じたらそれでいいんだ」

そう思った方も多いかもしれませんが、しばし我慢してお付き合い下さい。

あるマニアが、初めての（原理主義的な）料理を目の前にして、それを食べ始めます。未知の味であるがゆえに、最初はおいしいのかどうかよくわかりません。時には（主観だけでは）マズいと感じることさえあるかもしれません。

しかしそれでも彼は全神経を集中させて食べ進めます。原理主義的に「正しい」以上、どこかに自分がまだ気付いていないおいしさを秘めているはずだからです。なぜならそれは、ある地域で多くの人々によって長い年月をかけて育まれてきた料理。少なくともその地の人々にとっては間違いなくおいしいのです。ある種の文化人類学的アプローチとも言えるかもしれません。

そういう信念の下に食べ進めていくと、ある瞬間、そのおいしさを理解します。この瞬間が言うなればカタルシス。心が歓喜で満たされます。

不思議なもので、そういう（少々面倒な）過程を経ておいしさに「到達」できた食べ物は、一口目からわかりやすくおいしいものよりも、むしろ印象的な好物として記憶に宿ります。大人になってから好きになったミョウガが、物心ついた時から好きだったバナナより大事になるのと同じメカニズムかもしれません。原理主義者はその機序を自らの意思で発動させているとも言えます。その成功体験の積み重ねが、マニアをさらにマニアたらしめます。

おいしいマズいは確かに主観ですが、その主観の方を克己的に鍛え上げようとするのがマニアということです。一度鍛えた主観は裏切らない財産。未知の食べ物のおいしさを瞬時に理解するスキルは、ひたすら高まって行きます。

いろんな世界に、そんなマニアと一般層（つまり未知のおいしさを理解するために労力を割こうとはあまり思わない人々）とのギャップが存在しますが、インド料理ではそれがことのほか顕著に表れます。なぜなのでしょう？　誤解を恐れずその理由を一言で言い表すなら、インド料理は本質的に（大多数の）日本人の口に合わないからです。

日本人だけではありません。（大多数の）欧米人にとってもそうです。だから、最初にインド料理を外食化したグローバルスタイルのインド料理（概論におけるカテゴリー②）は、既にインド伝統料理から大きく改変されていました。それをさらに徹底的にローカライズしたのが、日本の③インド・ネパール店ということになります。

例えばイタリア料理に置き換えると、本場のイタリア料理と日本でローカライズされた（定型的な）イタリア料理の差は、インド料理においては、グローバルインド料理とインド・ネパール系の差に相当します。本来のインド料理、すなわち伝統的なローカル料理は、その更にもう一層を隔てたレイヤーにあるのです。

もっと言えば、イタリア料理におけるローカライズは（昔はいざ知らず今は）極めて慎重に遂行されます。つまり本場らしさをなるべく損なわないように、ディテールだけを日本人好みに調整していく、そのバランス感覚が腕の見せ所です。ところが③インド・ネパール店におけるローカライズは、もっとシンプルかつストレート。本場らしさはさほど念頭になく、とにかく日本人好みになるよう（もう少し正確に言うと大多数の日本人に嫌われないよう）迷いなく大胆に改変していきます。

それはネパール人ならではの徹底したホスピタリティとも言えますし、そもそも本場のインド料理に関する思い入れも薄いが故とも言えるでしょう。だからもしかしたらその立ち位置は、かつてフランス料理などから変化した、カツレツ・コロッケ・オムライスなどの「洋食」に近いのかもしれません。③インド・ネパール店を日式洋食とするならば、本場のインド料理はピレネー山脈あたりの名もなきローカル伝統料理、そのくらいの距離感がありそうです。

その距離を克己力で易々と飛び越える「インド料理マニア」は、やはり少し特殊な存在です。そして数の上では少数派であるにもかかわらず、その熱量と発信力で、インド料理界全体が進む方向性に、決して小さくはない影響力を与えているのです。

「南インド料理ブーム」は来たのか

インド料理との出会いの時点において、僕はインド・ネパール店のバターチキンカレーとナンに少々失望し、その代わりに黎明期のレジェンド店を受け継いだかのようなカレーライスの良さを再認識、そして一人の元バックパッカーが本場で受けた衝撃をそのまま日本に持ち帰ったガチ系のチキンカレーに感動しました。

後になって思えば、そこに表れた嗜好や価値観は、典型的な「インド料理マニア」のそれです。概論で説明したインド料理の4カテゴリーのうち、マニアが尊ぶのは④ガチ系店および①レジェンド店であり、最も軽視するのが③インド・ネパール店だからです。

ですがもちろんその時点の僕には、マニアとしての自覚は皆無です（素質は充分、といったところかもしれませんが……）。それどころか、ある時点で「インド料理は自分にとって特に必要ないもの」という見切りを付けました。その後訪れた店は（今になって思えば）全てインド・ネパール系であり、そのどこも似通った料理に対しては、全て最初の店と同様の印象しか持てなかったのです。

そんな状況が少し変わり始めたのは２０００年代中頃。

当時僕はとある地方都市の郊外で、タイ料理をメインとしたエスニックカフェをオープンさせていました。学生時代からタイ料理にハマっていたのは以前書いた通りですが、その趣味が高じて、ついにお店を開くにまで至ったのです。

その店にアルバイトとして入ってきたのがMくんです。Mくんもまたバックパッカーでした。旅も一段落して故郷に戻ってきた彼は、その旅の余韻も冷めやらぬまま、その地域で唯一のエスニック料理店だったその店にやってきて働き始めたわけです。

そんなMくんがある日、こんな話を切り出しました。

「イナダさん、ミールスって知ってます？」

初めて聞く言葉です。Mくんもあまりうまく言葉にできなかったようですが、要点をかい摘むと、それはインドと言っても南インド特有のカレー定食で、辛くて酸っぱくてさっぱりしてて謎めいた味がしてめっちゃうまい、ということのようでした。カレーっていうか、カレーなのかどうかすらもよくわからない、とも言っていました。

そんな説明を受けても、さっぱり何が何だかわからなかったわけですが、ひとつだけ確かなことがありました。それは、インド料理と一口に言っても、そこには実は自分が知っている（つもりの）それとは全く違う世界があるらしい、ということです。

それが妙に心に引っかかった僕は次の日から、「南インド」「ミールス」、この二つの言葉をキーワードに、未知のインド料理について調べ始めました。程なくして辿り着いたのが、南インド料理を日本に知らしめた第一人者とも言える、インド料理研究家の渡辺玲（あきら）先生です。渡辺先生はMくんの推定1億倍くらいは言語化能力に長けており、僕はその著作や個人サイトを読み漁り、まずは文字からその全貌を摑むことになります。その鮮やかで力強い筆致は、僕の想像を掻き立てて止みませんでした。渡辺先生が「私は絶対に認めない」と言い切る「凡庸な店の北インド料理」というものが、つまりは僕がこれまで体験してきたインド料理とほぼイコールであることも判明し、何かと腑に落ちたところもありました。

また、南インドまで行かずとも、とりあえず東京に行けば数軒の南インド料理店があることも判明しました。そうなるともう、矢も盾もたまりません。

ここで運命の女神が僕に味方をしてくれました。東京での仕事が入り始めたのです。東京駅からほど近い南インド料理店で初めて出会った「実物」のミールス。それは全くもって期待を裏切りませんでした。かつて初めてのバターチキンカレーで「なんだ普通じゃないか」とがっかりしたのとはまるで違います。僕にとってはタイ料理以来久々の、異文化との衝撃的な出会いでした。

正直なところ、最初からそのおいしさを完璧に理解できたわけでもありません。それは未知の要素が多すぎました。しかし、都内に数軒の南インド料理店を順繰りに巡るローテーションの2周目あたりで、僕はそれをほぼ理解できたと感じました。

ここにひとりのマニアが誕生したわけです。

東京での仕事が一段落し、自宅のある名古屋に戻ってきた僕は、ＳＮＳを通じて名古屋のインド料理マニアコミュニティに恐る恐る参加することになります。驚いたことに、そこでも話題の中心は南インド料理でした。

名古屋にはまだ一軒の南インド料理店もなかったにもかかわらず、そこで彼らがいかなる「活動」を行っていたのか。そこには二つの柱がありました。

ひとつは、キッチン付きの会場を借りて自分たちで南インド料理を作るイベントです。これはこれですごい話なのですが、本編の趣旨からは少し逸れてしまうので、詳細は省きます。もうひとつが、インド料理店を舞台にしたものです。南インド料理店はまだ無いのでは?と思われるかもしれませんが、それは例えばこのように遂行されます。

インド料理店のコックさんは、既にそのほとんどがネパール人に入れ替わっていたのですが、まだ稀にインド人コックさんがその中に残っている店もありました。その情報を得たメンバーは、そのコックさんから経歴を聞き出します。そこでもし、本国で南インド料理に携わっていた経験があると聞けば、すぐに行動開始です。

店を貸切にするための人数と予算を確認し、参加者を募ります。同時に主催者はそのコックさんと料理内容を打ち合わせします。当然、普段そのお店では「テンプレ系」の料理しか出していないわけですから、ほぼ全てが普段のメニューには無い料理ばかりです。

魚料理が得意だけど輸入の冷凍魚しか仕入れる術がないというコックさんを、貸切当日の朝、市場に(強引に?)連れ出して仕入れを手伝う、なんていうアクロバットをキメたメンバーもいました。やりすぎ? 確かにそうですが、マニアの熱量とはかくの如きものです。それがインド料理界の発展を促したことだけは確かです。

そうこうしているうちに、首都圏(のみ)には徐々に南インド料理店が増えていきます。

名古屋はまだまだでしたが、スリランカ、パキスタン、ネパールなど、インド周辺地域の④ガチ系店は少しずつ出てきました。そんな店を舞台に、悲しい事件が時々起こったのもこの頃です。

新しいガチ系の店がオープンすると、その情報はマニアコミュニティ内で光の速さで共有されます。すると翌日からメンバーが代わる代わる訪れ、店主にその「ガチ部分」だけを褒めそやします。

「これだけ本格的な料理を出してたらマニアは殺到しますよ！　もっともっと本場そのまま路線で行きましょう！」

当然、店主は気を良くして「その気」になります。ガチ度はさらに強まり、マニアはますます褒めそやします。しかしある日突然、閑古鳥が鳴き始めます。「マニアが殺到」は決して嘘ではありませんでしたが、そもそもそれは数十人規模でしかないのです。それが一巡した頃、ご近所さんたちが恐る恐る訪れ始めます。しかしすでにメニューはガチすぎて、一般の人々にはちんぷんかんぷん。バターチキンカレーとチーズナンは、既にマニアに唆（そそのか）されてメニューから外してしまいました。店主はマニアから特に絶賛された料理をご近所さんに薦めます。……結果はご想像の通りです。それは「普通の」人々の口には合いません。せっかく勇気を出して来てくれたご近所さんは、その後二度と訪れることはありません……。店主はようやく我に返り、ご近所さんたちにも愛されるよう、メニュー改変に着手します。しかし中には夢から覚めることができず、そのまま無くなってしまう店もありました。

後に聞くところによると、名古屋のみならず、東京をはじめ各地域でも、マニアコミュニティによるこういった「活動」は繰り広げられていたようです。ガチ店を持ち上げすぎて結果的に迷惑をかけてしまう同様の事件も各地で勃発していたようで、今では黒歴史として反省と共に語られています。

ともあれこの２０１０年代あたりからの時代、規模は小さいとは言え、ガチ系の店は確かに需要が供給を上回っていました。その中で中心と目されていた南インド料理は「静かなブーム」と言われました。次に来るトレンドは南インド料理！なんてこともよく言われましたが……結局、ブームと言われるほどのものは来ませんでした。確かに店は以前より増えましたが、世の中ではその何十倍もの勢いで「インド・ネパール店」が増えていったのです。

そんな狼少年的な狂騒の中で、僕は「エリックサウス」という小さな南インド料理店をひっそりと始めることになります。しかし、この話を始めると僕はもはや傍観者でも観察者でもない当事者になってしまいます。なのでエリックサウスの話はこれだけです。

インド料理における価値観の多様性と、それを支える「誇り」

概論で少し触れた②グローバルスタイルの高級店と、今や日本中を席巻する最大派閥である③インド・ネパール店は、言うなれば連続する文化です。その連続性を解説するために、少し専門的な話になりますが、これらの店に共通する調理オペレーションについて軽く触れておきます。

これらの店では、玉ねぎをメインとする香味野菜と基本的なスパイスを使って、「共通カレーソース」とでも言うべきものを大量に仕込み、ストックしておきます。玉ねぎの甘みが効いて、マイルドでなめらかな、それ自体がなかなかおいしいソースです。

このソースには具材となるものが一切入っていませんので、具となる各種の肉や野菜は、それぞれ別で茹でるなどして、これもまたストックしておきます。あとは加熱調理済みの具材とカレーソースを組み合わせることで、膨大な種類のカレーを迅速に提供できる、というのがそのシステムの基本。前に、インド料理レストランは近代以降に生まれ発展した、ということを少し書きましたが、むしろそうだったからこそ、このように効率的で洗練されたシステムを比較的早い段階から完成させることができたのかもしれません。

カレーに仕上げられる際には、単に具材とカレーソースを混ぜ合わせるだけというわけではありません。乳製品や各種ペーストなどの副材料や追加スパイスなども加えられ、それによって様々なバリエーションと、カレーの種類ごとの個性が創出されます。

さて、この基本的なシステム自体は、高級店からインド・ネパール店にも引き継がれたわけですが、その際にいくつかの変更点が加わりました。変更点は多岐にわたるのですが、主なものを二つだけ挙げると、以下の通りです。

ⓘ具材の割合が減らされた
ⓘⓘ副材料や追加スパイスの多くが省略された

これだけ見ると誰もがこのように考えるでしょう。

「なるほど、そうやってコストや手間をカットして、安価に提供できるようにしたのか」

部分的にはその通りなのかもしれませんが、決してそれだけではない、という点がとても重要です。それは確かにコストカットであると同時に「ホスピタリティ」でもあるのです。どういうことか。

まずは具材の量の変化についてです。この場合の具材とは主に「肉類」です。

元々インドカレーにおける肉の量の割合は、多くの日本人が思っているよりずっと多いものです。むしろ肉類のカレーは「肉を調理するためのメソッド」であり、汁の部分は言わば（おいしすぎる）副産物。これは欧米人にとっての「シチュー」の概念ともほぼ一致しています。なので、近代的なカレーソースをベースにカレーが作られる場合でも、それはそのまま踏襲されましたし、日本にも最初はその形のまま入ってきたということになります。

対して日本人にとってのカレーは、あくまで「汁」ありきで、肉はそこに付け加えられるアクセント。肉が少なすぎるのは確かに寂しいものですが、多ければいいというものでもないのです。インドカレーを日本人に違和感なくカレーとして楽しんでもらうために、肉の割合を減らすというのはとても理にかなっています。

カレーを仕上げる際に加えられる副材料やスパイスは、そのカレーならではの個性を強調するためのものです。しかし、個性を強調するということはすなわち、それを苦手に感じる人も増えるということ。ベースとなるカレーソース自体は、クセもなく甘くマイルドでせっかく日本人好みなのだから、なるべくそれをそのまま提供した方が多くの人に喜ばれるはず、と考えるのは、これまた理にかなっています。

こういった改変が加えられたからこそ、多くの日本人は「どのカレーを選んでも全部おいしい！」と満足し、マニアは逆に「どれもメリハリが無く、かつ同じ味」と、そっぽを向いて一斉にガチ系に走る、という構図が生まれたわけです。

僕が初めてインド・ネパール系でもなければガチ系でもない、高級店のインド料理を体験したのは、実はかなり後になってからです。２０１０年頃だったでしょうか。その頃既にそういう店は、インド・ネパール系とガチ系の板挟みで苦しい状況にあったと思います。本来なら顧客として取り込むべきだったマニア層のほとんどは、それを「インド・ネパール系と同種のもの」としか認識していなかったようにも思います。ガチ系のマニアだった僕も、ほぼそのような先入観を持っていました。

しかし興味本位で初めて体験した老舗のターリーセットに、僕は衝撃を受けました。リッチで複雑で個性的で、とにかく「めちゃくちゃおいしかった」のです。南インド料理の時のように理解に時間がかかるわけではなく、一口食べた瞬間に衝撃が走る、そんな体験でした。

かつて初めて食べたインド料理がインド・ネパール店のバターチキンではなくこういう料理だったら、僕はそのままその世界にのめり込んだかもしれません。ですがその時既に「ガチの南インド料理を作る側の人」になっていた僕は、いったんその体験を「なかったこと」にしました。信念がブレてしまうことを恐れたのです。

その少し前、ちょっと興味深い話を聞いたことがありました。とある老舗高級店のインド人オーナーが、南インド料理店の隆盛にたいそう憤慨して、こんなことを言っていたそうです。

「ミールスなどという庶民の安っぽい日常食で金を取るなんて言語道断。プロはプロたる誇りを持たねばならない」

僕はその時の体験で、その「誇り」の意味をようやく少し理解しました。

誇りと言えば、僕が体験したちょっと面白い話もひとつ。

とあるインド・ネパール店のランチタイム。隣のマダムたちのグループの席で、シェフが厨房から出てきて、様々な蘊蓄を語り始めました。インド料理店に限らずよく見る光景ですね。

しかし横で見るともなしに見ていた僕は、どうしても気になることがありました。シェフは両手に、インドではどこのスーパーでも売っている大手メーカー製の調合済みカレーパウダーと、植物性ホイップクリームの紙パックを握りしめていたのです。

シェフはその二つをマダムに得意げに見せながら、この店ではインド直輸入のスパイスや高級食材を惜しげもなく使っている、ということをアピールしていました。僕は隣でヒヤヒヤしていました。そういうものを使うのはいいとしても、それはむしろひた隠しにすべきことでは、と。それはたとえるならば、アメリカの日本料理店でシェフが「顆粒ダシ」と「合成酒」を見せてドヤっているようなものです。

しかし、冷静に想像すると、そこにもやはり誇りがあるのです。そのシェフは故郷のネパールで、お母さんか奥さんが作る、シンプルなスパイスのゴツゴツした素朴なカレーしか食べていなかったのかもしれません。それがある時にわかにコックさんとして来日することになり、そこで彼が出会ったのは、今まで食べたことのないマイルドで洗練された日本ならではのインド・ネパール店式インドカレー。それを今では厨房を率いて自分が作り、毎日多くの日本人を楽しませているわけです。これが誇りでなくて何なのでしょう！

主観だけで言えば、僕にとっては彼が故郷で日常的に食べていたかもしれない「ゴツゴツした素朴なカレー」の方が、はるかに魅力的です。しかしそれは数多ある価値観のひとつに過ぎません。

あまりにも振れ幅が広いインド料理の世界には、このように様々な価値観があり、そして様々な作り手の誇りがそれに応えています。最後に僕が言えることは、できればそれをなるべく幅広く体験して、その中から自分に一番合ったものを選び抜いてほしい、そして選ばなかったものもやっぱり時々は楽しんでみてほしい、ということです。

extra edition
chapter

10

TOKYO CUISINE

東京エスニック

味覚の関西化

10年ほど前のある日、僕は東京の新橋にあるおでん屋さんにいました。案内されたカウンター席の目の前では、縦横に仕切られた大きなおでん鍋が、静かに湯気を立てていました。

そのおでん鍋の様子は、これまでも雑誌やグルメサイトなどの写真では散々目にしていました。つゆは真っ黒で、そこには見慣れたものから何だかよくわからないものまで、様々なおでん種が沈んでいます。ここは昔から「東京でおでんと言えばここ」と言われる老舗の名店です。

画像では見慣れていたはずですが、実際にそれを目の当たりにすると、改めて不思議な気持ちになりました。一体どんな味なんだろう。つゆの真っ黒な見た目は明らかに濃口醤油によるものでしょう。であればもしかして相当しょっぱいのだろうか。しかし名店として愛され続けている以上、しょっぱすぎておいしくないなんてことはないはずだ。よく見ると不思議な物体が沈んでいる。これが噂に聞く「ちくわぶ」というものか……。

頭の中は目の前のおでんのことでいっぱいでしたが、とりあえず、はやる気持ちをなだめるかのごとく、ビールと共に「まぐろのぬた」と「茄子しぎ焼き」をオーダーしました。ちなみにまぐろのぬたはかつて東京で初めて知った食べ物です。茄子は、いかにも東京、という感じの潔い醬油味でした。どちらもたいへんおいしかったので、おでんへの期待はますます高まります。

つまみを食べ終え、ビールのおかわりと共に、ついにおでんをオーダーしました。豆腐、玉子、蒟蒻。それが僕にとっての「おでんの定番」だったのと、この店は豆腐が名物とも聞いていたからです。

種に手をつける前に、まずはつゆをひとすすり。今まで食べたどんなおでんにも似ていない味でした。しかし同時にそれは、地域的な好みの差を越えて全日本人のＤＮＡに訴えかけてくるような、極めて説得力のある「おいしい汁」でした。見た目に反して、決して醬油からいわけではありませんでした。かと言ってすき焼きのように甘ったるいわけでもありません。ダシのうま味が思った以上にしっかり効いているがゆえのまろやかさ、といったところでしょう。そして一番驚いたのは、そのダシに昆布がはっきりと感じられたことです。蕎麦屋さんなどの東京のダシにおいて、昆布は使われたとしても隠し味程度です。しかしこのおでんつゆは、そういうものとも明らかに違いました。

分析はそのくらいにして、いよいよ本腰を入れて食べ始めます。箸で豆腐を割ると、その断面は真っ黒のつゆがしっかり染みた表面からほんのり白を残した中心部まで、実に美しいグラデーションを描いていました。それを口中に放り込むと、なるほど名物とされるだけあって、感動的なおいしさです。濃いけれど決して押し付けがましくはないつゆの味わいが、豆腐の滋味を覆い隠すことなくじんわりと引き立てています。こんなおでんは初めてですが、こんな豆腐料理も初めてです。東京のおでん、恐るべし。僕は夢中で最初の一皿を食べ終えました。この日はその後、結び昆布、湯葉、ちくわぶ、ずいきなどをいただき、最後の一皿ではもう一度、豆腐をいただきました。ちなみにそこに大根と練り物が入らないのは、あくまで個人的な「おでんの流儀」です。もちろん、この黒いつゆが染みに染みた大根は、豆腐を凌ぐこの店の人気メニューだそうです。

東京にはこのような、東京ならではのおいしい食べ物がたくさんあります。もちろん日本全国にその土地ならではのおいしい食べ物があるわけですが、その中でも東京は少し特別であるとも感じています。

良くも悪くも、日本の食は画一化が進んでいます。これは高度経済成長の時代に端を発すると聞いたことがあります。情報網や流通網が発展し、また日本人が豊かになっていく過程で、日本全国どこでもあらゆるおいしいものが手に入るようになっていきました。そうなると、皆が一斉によりおいしいものを求めた結果として、どうしても画一化は進みます。

そんな中、和食の世界で天下統一を果たしたのは、概ね、大阪・京都を中心とする関西の食文化だったと考えているのですが、これには少し説明が必要です。元々、料亭や割烹といった高級日本料理の世界は、関西料理の独壇場でした。これは日本の歴史を考えたらある意味当然のことです。ただしそういう洗練された高級料理は、かつてはごく一部の人々のためのものでした。庶民はあくまでそれぞれの土地の伝統的な食の体系の中にいたのです。例えばその土地で取れる時季の野菜を自家製の地味噌だけで煮たものや、雪が積もる前に収穫した野菜を塩だけで漬けた漬物、そういった「おかず」です。

しかし時代と共に、特別なものであったはずの高級日本料理は、庶民の世界にも徐々に降(くだ)っていきます。もちろん庶民が料亭や割烹に気軽に行けるようになったわけではありません。その代わり、庶民の食自体が、高級日本料理的に変容していったのです。その特徴を簡単に説明すると、醤油や味噌のダイレクトな濃い味ばかりに頼らず、ダシや甘みをふんだんに用いて、複雑かつ上品でまろやかな味を求めていったということになるでしょう。かつての農村の、ストレートな味付けのしょっぱいおかず少量で大量の雑穀米を一日何合も食べる、という食事形態はもはや過去のものです。様々なおかずに、かつてと比べるとごく少量のご飯を添えて食べる現代の食には、この「味覚の関西化」が必然でした。

　昨今「郷土料理」という言葉がよく聞かれるのは、それが危機に瀕していることの裏返しに他なりません。和食の変容以上に、洋食の浸透がそれに拍車をかけています。なので、郷土料理は意識的に守っていかねばならない、という気運が満ちています。自治体主導でサイトが作られたり、学校給食に導入したりという施策も進められています。そうしなければ絶滅してしまうからです。

　しかしこれがどのくらい成果を上げているのか……。観光誘致的な意味では、いわゆる「地方B級グルメ」的なものの方がよほど効果を上げています。B級グルメというと、いかにもその土地の日常生活に紐づいているようですが、実はそうでもありません。その濃くて人懐こい味はいかにも庶民的ですが、濃いと言ってもうま味や甘みがとかく強調されがちなその味わいは、むしろ画一化の方向にまっしぐら。もちろん画一的だからこそ、地域的嗜好の壁を越えて誰にも愛され得る観光資源になるわけですが。


　少し脱線してしまいましたが、東京が少し特殊なのはここです。和食の関西化や洋食の浸透という状況そのものは東京も同じですが、東京の場合は特別な保護活動などしなくても、東京ならではのローカル食文化はあちこちに当たり前のように残っています。冒頭のおでんもまさにそう。他にも、蕎麦、鰻、江戸前寿司、などなど枚挙にいとまがありません。しかもそれらは、それらを提供する飲食店の中で、そしてそれらが繋ぐネットワークの中で、「文化」として成立しています。地方の自治体が、なんとかしてカタログ的にローカル食を残そうと奮迅しているのに比べれば、盤石さのレベルが違うのです。

こうなったのはある意味当たり前で、東京は江戸の昔から、京・大阪に次ぐグルメタウンだったから。様々な料理が独自の発展を遂げ、独特な食文化を形成しています。

僕自身は九州で生まれ育ち、その後、関西や名古屋、岐阜で生活してきました。また、料理人としては（もちろん関西ルーツの）日本料理を学びました。そんな僕にとって、東京の昔ながらの料理は驚きに満ちたものでもあります。

僕は長年、様々なエスニック料理を体験してきました。最初は困惑も込みで対峙しつつ、繰り返し食べている内に、いつしかそれは舌と身体にしっくりと馴染んでいきます。僕は東京の味を、それと全く同じ感覚で楽しもうとしていることにある時気付いたのです。なのでそれ以来僕は、東京で出会う未知の味や料理を「東京エスニック」と定義しました。東京という街にはだいぶ馴染んできた気もしますが、まだまだ僕はこの地では異人です。そんなアイデンティティの確認のニュアンスも、この言葉には含まれています。

エスニックと言ってももちろん、例えばタイ料理と和食ほどの距離感があるわけではありません。その差異は微妙と言えば微妙です。でも微妙だからこそ面白い。しかもそれはあくまで子供の頃から慣れ親しんでいたはずの「和食」のカテゴリー内にあるからこその面白さでもあります。細かい差異のディテールにこそ神が宿るのです。

そういう意味では、国内であっても知らない地域の食文化は全てエスニックとも言えるのですが、東京エスニックには、そういうものとも少し違う、別のレイヤーの独特さもあります。それを一言で言うなら「東京の人は油断している」ということになります。「油断」とはいったいどういうことなのか。なぜそれが起こるのか。そこについては、この後考察していきます。

知られざる東京ローカルフード

東京の真っ黒なつゆのおでんは、僕にとって最高の「東京エスニック」のひとつでした。ダシにしても醬油などの調味料にしても各種のタネにしても、その構成要素はよく知っているはずのものばかりでしたが、仕上がった料理は全く未知の味わい。未知だけどそれはすこぶるおいしく、最初からスッと舌と身体に馴染みました。ちくわぶだけは少々困惑しましたが、これもかつて馴染んだ名古屋の味噌煮込みうどんや山梨のほうとうの親玉のようなものだと理解し、なんとか受け入れました。

おでんという料理は、元々「田楽」から来ています。特に味付け無しで焼いたり茹でたりした食材に、味噌を付けて食べる料理です。しっかり味付けしたつゆで煮込む現在のおでんは、江戸で生まれたそうです。それが関西に伝わり、従来の味噌を付けて食べるおでんと区別する意味もあってか「関東炊き」「かんとだき」と呼ばれました。それはいつしかたっぷりのダシと薄口醤油、味醂（みりん）で淡く仕立てられたいかにも関西らしい料理として完成され、味噌おでんからその座を奪い、これこそが「おでん」のメインストリームとなりました。

僕が初めて体験した東京おでんには、関東では珍しく昆布のダシがしっかり効いていましたが、これは実は関西のおでんつゆの特徴を取り入れたものだという説を聞いたことがあります。もしそれが本当なら、東京おでんは東京で生まれ、関西で発展し、それがまた東京に影響を与えるという行ったり来たりがあったということになります。

子供の頃から慣れ親しんだ味に執着するのは全人類に共通すると言えるでしょうが、日本人はやや特例的に、未知の味も積極的に受け入れようとします。そして東京は、そういった柔軟さや進取の気性が格段、という土地柄があります。この本の中では、外国料理の普及や発展に関して日本の中でも東京だけは特別だ、ということに何度も言及してきました。東京は新しい食文化を受け入れることも極めて積極的なのです。

だから、ということなのでしょうか。東京おでんは今や、東京の中で決して主流ではありません。東京で生まれ育っても、これを食べたことがない人は結構いるのではないでしょうか。居酒屋などではおでんを出している店も多いですが、ほとんどは淡いダシの関西風に近いものです。コンビニのおでんは地域によって少しずつ味を変えているらしく、関東エリアのそれは他の地域より幾分かつおダシと醬油が強いと聞いたことがありますが、それでもそれはやはり、あくまで関西風おでんのバリエーションのひとつという印象です。

結局のところ、大局的に見れば、東京もやはり「味覚の関西化」からは逃れ得ていないのです。東京おでんを食べるには、「東京おでんの店」をわざわざ探す必要がある。だからそれは、僕のように西日本からやってきた異人にとってのみならず、東京で生まれ育った人にとっても、ある種エスニック的な存在と言えるのかもしれません。

ごま油で揚げた茶色い天ぷら、濃い「辛汁」をちょこっとだけつけて食べる量控えめの蕎麦、煮たり漬けたりの仕事を施したタネがメインの江戸前寿司、そういった超メジャー級の東京エスニックは、実はもはや東京においても主流ではありません。しかし主流ではないからこそ、それを愛する一部の人々が文化として大事に守り通しているのです。そして異人たる僕は、なるべくそういうクラシックで個性の強いものを探し求めて食べ歩きます。まさにエスニック料理と同じ楽しみ方なのです。

こういったものは、言うなれば「自覚的東京エスニック」です。東京の人もそれが特殊な料理であることには自覚的で、なおかつそこに誇りを持っています。だからそれらは「東京ならではの美味」として、数こそ少ないにしても、全国に伝わっています。味覚の関西化に一矢報いているといったところでしょうか。

しかし僕が本当に面白いと思っているのは、むしろ、東京の人が東京独特であることに気付いていない「無自覚的東京エスニック」だったりもします。

「生姜キャベツ」をご存知でしょうか。たぶん誰も知りません。なぜならこれは僕が勝手に付けた料理名だからです。おそらくこれを出している店では、単に「キャベツの塩揉み」とでも呼ばれているのではないかと思います。名も無き料理です。ただしこの生姜キャベツは単なる塩揉みではなく、文字通り生姜がほんの隠し味程度に加わっています。味付けは塩のみ、もしくはせいぜい微量のうま味調味料が加わる程度。定食に付いてくる漬物のひとつで、なんてことない料理ですが、僕はこれに東京で初めて出会い、そしてそのミニマルなおいしさに感激しました。そしてほぼ同じものが、あちこちの店の漬物小皿に載って出てくることに気付きました。これが出てくるのは基本的に古い店ばかりです。

なぜかとんかつ屋さんが多い印象です。確かにこの極めてさっぱりした漬物は、油物の口直しにもぴったりです。

ある店では、普通のカツ丼にはこの生姜キャベツが、上カツ丼には黄色いたくあんが付いてきます。僕としてはたくあんなんかより生姜キャベツの方がはるかに尊いと感じるのですが、少なくともその店はこれを「取るに足らないもの」と認識しているのは明らかです。

インド人シェフの南インド料理店ではかつて、ピックルと呼ばれる独特な漬物をなかなか出してくれませんでしたが、数少ない日本人の店ではこれを積極的に提供する傾向がありました。生まれた時からそれに慣れ親しんでいる人にとっては当たり前すぎて取るに足らない、なんなら貧乏臭くてお金を取れるようなものではないと考えてしまうものこそが、異人にとっては実はとても尊い。全くもってそれと同じ構図です。

「純白薬味ネギ」をご存知でしょうか。すみません、これも僕が勝手に名付けました。極めて地味な東京エスニックです。

東京の蕎麦の薬味のネギは当然白ネギです。普通は白を基調に、多少は緑がかった部分が交ざるグラデーションの色合いで提供されます。ここまでは、圧倒的青ネギ文化圏の関西や九州でも、少なくとも蕎麦屋さんならそう珍しいことではありません。しかし東京の場合、少し高い店になると、その刻みネギは純白になります。つまり、少しでも青みがかった部分はバッサリ切り落とし、なおかつネギの芯のうっすら青い部分も完全に抜いてしまうということです。最初に見た時は、まず飲食店経営者視点でびっくりしました。歩留まりが悪すぎるからです。高級割烹の白髪ネギと同程度の贅沢さで、これだと実質ネギ全体の半分も使えないはず。いくら価格高めの店とはいえ、なぜこんなにも贅沢なことをするのだろうと不思議でした。これが東京的な「粋」ということなのだろう、と強引に解釈するしかありませんでした。

しかしこの疑問はある時半分くらい解消されました。それは東京で初めて「きつね蕎麦」を注文した時のこと。そのきつね蕎麦には「白ネギの芯を柔らかく煮たもの」がたっぷり入っていたのです。後で人に聞いて、たぬき蕎麦など他のタネ物にも、この柔らかく煮たネギはよく入っているということを知りました。そういえば別の蕎麦屋さんで食べた鍋焼きうどんにも入っていました。刻みネギを純白に仕上げるために抜かれた芯の部分や上部は、こうやって無駄なく使い回されていたのです。

そしてそのきつね蕎麦には、揚げとネギの他に、ナルトとほうれん草も入っていました。これにはもっと驚きました。こんな仕様のきつね蕎麦もきつねうどんも見たことがなかったからです。これも後で人に聞きましたが、やはり「東京ではむしろ普通」とのことでした。

画像検索で「きつね蕎麦」を検索しても、ナルトの載ったものなんてほとんど出てきません。わずかに見つかったものは、全て東京もしくは近郊のお店のものでした。面白かったのは、商用に販売する画像屋さんのサンプル画像の「きつね蕎麦」がまさにこのナルトとほうれん草と煮たネギが載ったものだったことです。驚いてその画像屋さんのページに飛ぶと、きつね蕎麦の画像はそれだけでした。おそらくその画像屋さんは東京の会社でしょう。だからそのナルト入りを「スタンダードなきつね蕎麦」と信じて疑いもしなかったのではないか。完全に油断しています。こんな特殊な画像、全国的に見ればほとんど需要がないはずです。東京以外できつね蕎麦の画像を探している人の多くが「なんて不思議な盛り付けだろう」と首を傾げて画像の購入を取りやめるに違いありません。

このように東京の人はどこかで「東京の食べ物がローカルなはずがない」と無意識に思い込んでいる印象があります。しかし実はこれこそが、東京エスニックの真の面白さなのです。

東京人の「油断」

僕はここまで東京を「日本一のローカルフード天国」として扱ってきました。おそらくですが、そもそもこれに納得行かない東京人は少なくないと思います。確かに東京に「ローカル」の文字は似合いません。そういう人は、日本の味を関西が統一した、という歴史観にも異を唱えるでしょう。むしろ「日本各地が相互に影響を与え合っており、中でも京・大阪連合と東京が食文化の二大発信地である」という認識かもしれません。

僕自身はこの考え自体を全く否定するつもりはありません。それは単に見方の角度の違いだからです。ただしひとつ言えることは、東京の人は東京の食べ物がローカルフードだなんて思っていないがために、様々な独特の食文化を当たり前のものとして見過ごしている、ということ。つまり油断しているのです。

幕の内弁当の焼き魚が「まぐろのつけ焼き」であることも、西京焼きの味噌が西京味噌ではなくおそらく信州味噌で、しかも黄色く着色されていることも、豚汁の豚がそのまま豚もつに置き換わったような「煮込み」がどこにでもあることも、「海苔巻き」に干瓢だけが入っていることも、きつね蕎麦やたぬき蕎麦にナルトが載っていることも、たぶん「当たり前」と思っている。

もちろん全国各地に、地元の人にとっての当たり前が他所から見ると変わっている、ということはよくありますが、往々にしてそこの人々はそれに薄々気付いています。地方ならではの食文化をエンターテインメント的に扱うテレビ番組などでは、スタッフに「それはこの地方独特です」と指摘された地元の人が「え〜、そんなわけない！」と驚いてみせるシーンがよく出てきますが、その驚き方はいかにも大袈裟に見えます。多かれ少なかれ、「テレビ的演出」が施されていることは明らかでしょう。しかし東京の人は、東京はローカルではないと油断しているから、なかなかそれに気付きません。そして東京は、そんなローカルな（と、あえて言いますが）食文化の宝庫です。

「油断している」のは決して悪いことではないと思っています。なぜなら、それが自然な形で、生活に密着したまま保存されることになるからです。名物は名前を与えられて初めて名物と認識されて、そうなると今度は名物としてのニーズに応えなければいけなくなります。全国にそういう「外からの目を意識しすぎた名物」がたくさんあり、地元ならではだったはずのものが、地元の生活から離れて一人歩きを始め、変容していきます。東京エスニックは無自覚だからこそ良いのです。異人としてそれを発見して楽しむ僕のような立場からは特に、それはずっとそのままでいてほしい。

東京に〔弁松〕という老舗の仕出し屋さんがあります。煮物中心のおかずと、白飯や赤飯（！）などを組み合わせたお弁当が人気で、デパ地下でも売られています。「これっくらいの、おべんと箱に……」という誰もが知るお弁当の歌がありますが、歌詞をよく思い出すと、現代のお弁当とはずいぶんかけ離れた内容です。牛蒡を始めとする根菜や椎茸は、おそらく煮物でしょう。そこに刻み生姜、そしてご飯にはごま塩が振られます。弁松のお弁当は、言わばこれを豪華にした内容と言えるでしょう。そこには卵焼き、焼き魚、煮豆、といった「かつての贅沢品」が加わっています。

しかし何しろそれは、西からやってきた自分にとっては驚きの味です。蓋を取ったらまず、茶色い。色の印象の通り、しっかりした醤油味が基調です。そしてそれ以上に、こってりと甘い。たっぷり入った甘い煮豆が箸休めになる程、おかずの大半が甘いのです。かと思えば、刻み生姜や焼き魚は割とダイレクトにしょっぱい。「いったい何がどうなってるのだ?」と少々混乱しながら食べ進めることになります。

ただ確実に言えることは、(これは少々料理人目線もあるかもしれませんが)このお弁当がとにかく丁寧に、誠実に、そして高い技術で作られているということです。おいそれと真似できるものではありません。特に里芋の煮物は、あれだけを折り詰めにぎっしり詰めて売ってほしいくらいです。

だからなのでしょうか。このお弁当の味は僕にとって完全な異文化で、正直いまだに自分にとって心からおいしいのかどうかはっきりわからないまま、それでも時々無性に食べたくなります。ミールスがおいしいのかどうかもよくわからないまま食べ続けていた頃の感覚と、どこか重なります。

この弁松のお弁当は、典型的な東京エスニックだと思います。実際に「東京の昔ながらの味」というようなことも謳われています。リアルな庶民の味かどうかは僕にはよくわかりません。むしろ、かつては貴重だった砂糖がたっぷり使われ、贅沢な動物性食材も盛り込まれた、料理屋ならではのちょっと特別な味、ということだったのではないかと思っています。

この弁松に対しては、東京出身者でも良い意味で意見が分かれるようです。ある人は「普段は絶対に食べられない味だから新鮮」と言いますし、また別の人は「おばあちゃんが作ってくれる煮物にそっくりで自分にとっては慣れ親しんだほっとする味」と言います。当たり前ですが、東京とて一枚岩ではないのですね。

とにかく弁松は孤高の存在です。人によって捉え方はどうあれ、人気のお弁当であることは間違いありませんが、だからと言って、僕が知る限り似たような味と内容のお弁当を作っているところはありません。こういうものを求めるマーケット自体が大きくないのか、弁松の技術が凄すぎてとても真似できないのか。おそらくその両方なのでしょう。

東京駅大丸のデパ地下にもこの弁松があるのですが、そのすぐそばに、弁松と並んで有名なお弁当屋さん〔升本〕があります。これもまた東京を代表するお弁当のひとつと言われますが、中身はある意味、弁松とは真逆です。あえてそれを一言で言い表すならば「東京と関西のいいとこ取り」。東京ならではの漬物や辛味噌が入りつつ、煮物は普通に関西風でダシ主体の淡い味付け、ただしその煮物の中でもなぜか蓮根だけが醤油の効いた関東風、といったハイブリッドぶりです。古い文化を当たり前のように大事にしつつも、外からの文化も柔軟に取り入れる、現代の東京を象徴するような弁当だと思います。弁松とはまた違う意味で唯一無二の存在です。

唯一無二と言えば、〔鮒佐〕の佃煮もかなりエクストリームな東京エスニック。これは全く甘みの無い佃煮です。子供の頃に『暮しの手帖』か何かで「東京には昔ながらの醤油だけで煮た佃煮が細々と残っている」という記事を読んだことがあります。甘ったるい佃煮が大の苦手だった僕は、「東京に行けば甘くない佃煮があるのか!」と、子供心に憧れていました。しかし東京に出てくるようになってからも、そういうものにはなかなか出会えないままでした。そんな中でついに出会えたのがこの佃煮だったのです。これが最後の生き残りなのでしょうか……。

なかなかのお値段なのですが、僕は過去に2度、これを手土産にしたことがあります。しかし……2回とも不評でした。やはり相当、人を選ぶようです。それ以来、こればかりは一人でこっそり大事に楽しむようにしています。

さて、こういった孤高の東京名物は、全国に広がることはないかもしれませんが、少なくともこの先しばらくは安泰でしょう。ブランドとして確立され、これでなければ、という熱いファンに支持されているからです。

しかしその陰で消えていく「名も無き東京エスニック」もまた少なくないはずです。生姜キャベツが出てくるのはなぜか古い店ばかり。往々にして古い店は後継者も不在で、いつしかひっそりと店を閉めます。弁当の焼き魚も老舗を除けば関西系同様の鯖や脂の乗った白身に置き換わりつつあります。その白身の焼き魚も、黄色い東京風西京焼きは徐々に影を潜め、関西風の「正しい」西京焼きに修正されていっています。蕎麦や天ぷらや寿司同様、ある程度自覚的にならないと、そういうものはこの先ひっそりと失われていきかねません。

もしかしたら、無理にスポットライトを当ててそれらを残そうとするのも、あまり意味のないことなのかもしれません。それが歴史の流れなのだと言われればそれまででしょう。ただ、それが当たり前のように存在する今のうちに、少しでも多く発見して、存分に愛でておきたい。そんなことを思いながら、僕は東京の老舗を巡るのです。なるべく目立たない、一見なんてことない店にこそ、そんな宝物はひっそりと息づいています。

いつかの誰かの未知の味

このエッセイの連載中、「これは飲食業界だけの話とは思えない」という共感を多くいただきました。「自分の居る業界でも、同じようなジレンマを抱えている」というような内容です。それは例えば音楽業界。市場は常に新しいものを求めているが、新しすぎると受け入れられない。かと言って、理解されやすいものだけを打ち出していくのでは業界に未来はない、といったような話です。出版業界からも全く同じような話を聞きました。

美術や演劇といった分野からは、今はそれが一部の愛好家だけのものにとどまっており、その裾野を広げようとしてもなかなかうまく行かない、という話もありました。どうかすると「既存の愛好家」の愛の強さゆえに新しい愛好家が生まれない、という皮肉な実情もあるようでした。

どんな分野でも、新しい文化を発信し伝えていくのは、並大抵の苦労ではありません。しかし、誰かがどこかでそれを受け止めてくれたら、こんなに嬉しいことはないでしょう。更に、もしそれが世の中に広まって定番化したら、それこそ作り手冥利に尽きるというもの。

今、僕たちが当たり前のように楽しんでいる異国の味の数々は、そんな苦労と喜びの中で世の中に広まっていったものです。この本では、そんな悪戦苦闘の現代史を物語として語ってきました。今この瞬間にも、（それは食べ物に限らず）新しい文化は生まれ、誰かがそれを伝えようとしています。そしてすっかり見慣れた街の中にも、今まで気付かなかった発見があるはずです。丹念に探せば、きっといろんな場所で見つけられます。

一番伝えたかったのは、異国の味をいかに楽しむか、でした。僕はとりあえず毎日楽しんでいます。ぜひ皆さまもご一緒に！

２０２３年12月

東京の下町で、インド菓子「グラブジャムン」の甘さに翻弄されながら

稲田俊輔

稲田俊輔

（イナダシュンスケ）


料理人／飲食店プロデューサー／「エリックサウス」総料理長。

鹿児島県生まれ。京都大学卒業後、飲料メーカー勤務を経て円相フードサービスの設立に参加。

2011年、東京駅八重洲地下街に南インド料理店「エリックサウス」を開店。南インド料理とミールスブームの火付け役となる。

X(Twitter)：@inadashunsuke で情報を発信し、レシピ本、エッセイ、小説、新書と多岐にわたる執筆活動で知られる。

レシピ本『南インド料理店総料理長が教える だいたい 15 分！ 本格インドカレー』『ミニマル料理』『インドカレーのきほん、完全レシピ』、エッセイ『おいしいもので できている』『食いしん坊のお悩み相談』、小説『キッチンが呼んでる!』、新書『人気飲食チェーンの本当のスゴさがわかる本』『お客さん物語』など著書多数。

装丁：mashroom design 江原レン／和田真依

装画：森優

異国の味

2024年1月31日　第1刷発行

著者　稲田俊輔

発行者　樋口尚也
発行所　株式会社 集英社
〒101-8050 東京都千代田区一ツ橋2-5-10
電話　編集部　03-3230-6143
読者係　03-3230-6080
販売部　03-3230-6393（書店専用）
印刷所　大日本印刷株式会社
製本所　株式会社ブックアート

定価はカバーに表示してあります。

ISBN978-4-08-788097-7　C0095